定年からの青春未来図

一生を心明るく生きていく秘訣

坂口克洋

三和書籍

年齢区分別人工の割合の推移（1950 ～ 2018 年）

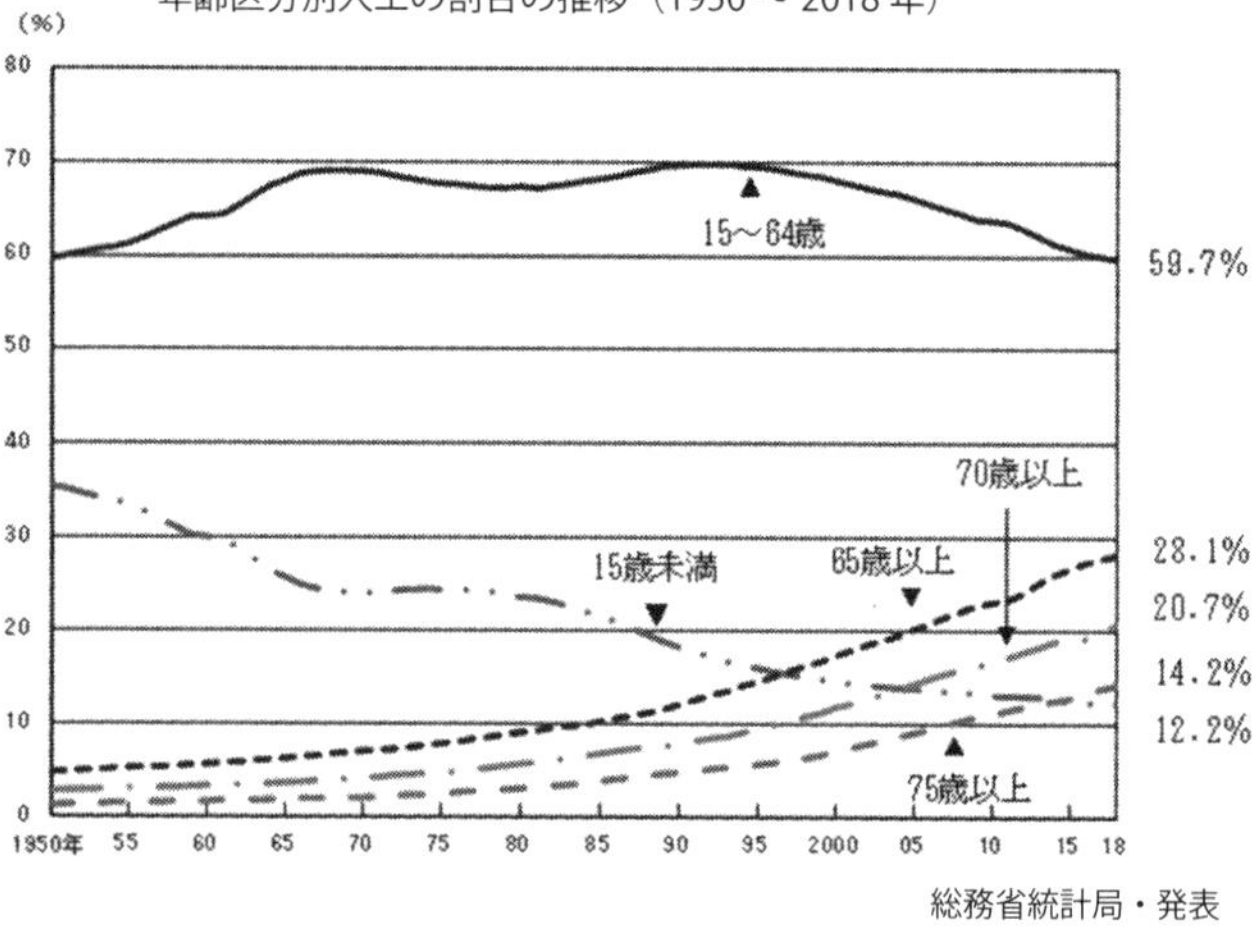

総務省統計局・発表

はじめに

２０１８年の「敬老の日」を前に、総務省が発表した推計人口によると、70歳以上の人口は２６１８万人で、総人口に占める割合は２０．７％であり、さらには65歳以上の高齢者は３５５７万人で、全体の２８．１％だそうです（右ページの図表参照）。

この年令の人々は、日々何を考え、どんなことを楽しみとして、生きているのでしょうか？　60歳が一応の定年として、男性であれば平均寿命からいってその後21年ほど、女性の場合は約27年強生きるのですが、毎日朝起きて「さてと、今日はどうやって一日を潰そうか？」と考えるのは、とてもしんどいのではないでしょうか。

できれば、起床時に軽く体操でもしながら今日一日の動き方を考えて、やる気を呼び起こすとともに、エネルギーもりもりになって、その日一日の行動に繋げたいものです。

しかし、そのような日々を送れる仕事を持たず、他方嘱託の5年間を経て、第2の定年を迎えた65歳以上の高齢者が、如何に多くいることでしょうか。この現実に真剣に立ち向かうとなると、それはなかなかゆゆしき問題です。

何故なら、筆者が同年代くらいの周囲の人達に種々のヒアリングをし、さらにはいろいろとリサーチした限りでは、ほとんどの人々が定職がないが故に、一日一日をただ単に過ごすことさえ、持て余しているからです。

この事実を物語る非常に面白い話があります。それはなにかと申しますと……

昨今の高齢者には、「きょういく」と「きょうよう」が必要とのことです。皆に、「何のこと、どういう意味だか分かりますか?」と訊くと、大部分の人達が「もういい年なんだから、それなりの知識や見識を身につけ、多くの情報を持っていることが必要だということではないんですか?」と熟慮した末に、ご立派な答えを返してくれます。

「まあ、普通であればそう思うのが自然だよね。」と誰もが考えるのでしょうが、本当はそんな理屈っぽくそして難しい話ではなく、極めてかんたんで「きょういく＝今日行く所がある」であり、「きょうよう＝今日用事がある」という事象が、必要なのだそうです。

筆者はこれを言った人は、「随分芯を喰っていることを言うな」と思わず感心してしまいましたし、毎日を過ごすのに誰しも「本当に苦労しているんだな」と、何となく苦笑した次第です。

でも実際その通りで、これが我が国の人口の約3割を占めている国民の実態だと思います。他方、内閣府の調査を見てみますと、65～69歳の約65％は「仕事をしたい」と感じているのですが、労働力調査によりますと実際にこの年齢層で就業している人の割合は、約44％にとどまっているそうです。つまり、多くのシニアの方々が「仕事ロス」の状態になっているのです。

そうであれば、ここに非常に大きな一つの疑問が生じます。つまり、それは「定年を過ぎたあとの皆さんは、真に楽しくかつ生き甲斐のある生活を送っているのだろうか？」と、いうことです。

これはその世代の人達にとって、非常に興味や関心のある大きなテーマだと思います。

そして答えはきっと、「否」ではないでしょうか。

戦前からの終身雇用体制の中で生きてきて、仕事を生き甲斐としてきた60歳以上の日本人からそれを取り上げたら、何が残るのでしょうか。多くの男性が、妻が嫌がる「ワシも族」になるのが、関の山です。

何故なら、定職を持たない多くのシニアエイジの方々に、「一日何をして過ごしているのですか?」と質問をすると、返ってくる答えはほぼ一様であり、それは次のようなものです……

「基本的に午前中は、ジムでトレーニングでしょ。ワンコインで昼飯を食べて、午後から散歩。コースはいろいろあるんで、特に飽きることはないんだ。そのあと夕方まで図書館で読書。雨の日は、直接図書館に行くことが多いかな。それだけだと淋しいんで、大体週一で昔の仲間と飲み会、月に二回ぐらいは、ゴルフに行くかな」です。

確かに年金生活の中で、そこそこの金を使える高齢者の数は少ないのではないかと感じますし、さらには金額を気にせず使える人は未だ現役であって、それなりの収入を得ているのではないかと想像されます。

それでは、資金が伴わない多くのシニアの人達は、どうすればよいのでしょうか。どう行動すれば、楽しく納得できる一日を送れるのでしょうか。残念ながら、その答えがなかなか見つからないのが、現実です。

他方、70歳以上の人口2618万人のうち、一人暮らしの方は約600万人ぐらいいるそうです。故に、時には最終的に「孤独死」などというような状況が、生まれてくるのです。年配者は、彼ら同士でお互いに楽しく遊び、助け合えばよいのでしょうが、全般的に年を取れば取るほど付き合いべたになってくる日本人は、なかなかそうもいかないのが現実です。

何故なら、自我もあれば見栄もあり、その上何の役にも立たない、否むしろマイナス面のほうが大きい、つまらないプライドなどが影響してくるからです。

つまり、現役の時に華やかな生活を味わっていた自分が、何故今暇を持て余している年寄りと、付き合わないといけないんだと考える訳です。何ともまあ面倒くさいことですが、これが歳を経るとともに頑固になる人間の特性ですから、始末が悪いのです。

筆者は、幸いなことに仕事を持っているのでこの種の悩みは余りないのですが、というよりは一年の内330日は働いているので、特にこのような問題はない筈ですが、それでもごくごく稀に暇と感じると、途端に何をすればよいのかが、分からなくなります。

友人には、「偶《たま》には、ゆっくり休めばいいいんじゃない。」ど言われるのですが、回遊魚と同じ類《たぐい》の人間の性で、時間を有効に使えなくなるのです。正に、貧乏性そのものでしょうか。少しでも働くのを止めると、本当に息苦しくなってそわそわしてくるので、何とも困っています。

結果として、仕事最優先の生き方をしてきてしまった人は、これから先つまり「人生100年時代」の今の世で、本当に自身がそこまで生きられるのであれば、残りの35～40年をどう生きていけばよいのでしょうか。これは冒頭で述べた日本人の三分の一近くの人々が日々悩んでいる問題であり、現状ではほぼ解決が不可能な課題なのではないかと感じられます。

したがって、そういった状況に対処すべく筆者なりに考えて答えを見つけようとした結果、後述のような生き方なり考え方をすれば、多少なりとも日々納得できる超貴重な第二の青春を送れるのではないかと感じ、ここに述べてみたいと考えた次第です。

坂口克洋

目次

第三章　自分の見方をちょっと変えてみようよ

第四章　同じ生きるなら人生楽しく

第五章　自分のあるべき姿を追求してみよう

第一章

生きていくのってとっても辛い

「生きることって辛くねえ？」

歳を積み重ねてシニアになって、日々生きることが徐々に辛くなると感じる人は、いないでしょうか。何故なら、その日一日に夢なり希望が持てないし、「さあ、今日も頑張って生きてみよう」と、いう意欲が湧いてこないが故です。

全てのやるべきことがみな面倒くさくなるし、それ以前にとにかくやる気が起きないからです。とはいうものの、特にやらなければならない事柄があるのかというと、そうでもありません。絶対に「マスト（Ｍｕｓｔ）なことがあるのか」と問われれば、それは本当に空腹になれば、何かを食べることくらいでしょうか。

何故、自分がこういう環境に置かれてしまったのかを考えてみますと、会社人間としては定年を迎えて、ある程度「労働しないといけない人間としての義務」を、終えてしまったからだと思われます。

残念ながら、生活していくためにまだまだ働かなければならない人もたくさんいるでしょうし、そのような人々から言わせれば、「そんな贅沢なことを言うな、罰《バチ》が当たるぞ！」ということなのでしょうが、しかし何とか生活するだけならしていける環境にいる人達にとっては、マジなところ「とにかくやることがないんだ。その気にならなければやらなくて済んじゃうんだから。」と、いうのが実態なのです。

このような目標がない状況は、当然のことながら恵まれているといえる反面、当人にとっては非常に辛いものであると言える訳です。多分、多数のシニアの人達がこのような感情を持ちながら、日々暮らしているのではないでしょうか。

では、このような状態を打破するには、どうすればよいのでしょう。先ずは、何かやるべきものや、やりたい事柄を見つけ出さなければなりません。それが趣味の世界のことであってもよいでしょうし、ボランティア活動などであれば、なおさら結構でしょう。はたまた、元「コント55号の欽ちゃん」みたいに、若い時には余りしてこなかった勉強をするということでは、如何でしょうか。いわゆるリカレント教育を受けても、よいのではないですか。

しかし、生活していくために仕事を続けていかなければならないという必要性がない場合には、皆を待っているのはこんな退屈な人生なのでしょうか。否、本来は違うでしょう。やはり現役の時に本当に自分のやりたい仕事を見つけ、その準備をきちんとしつつ、それに向かって努力してこなかった人達だけを、暇を持て余す日々が待ち受けているのです。それが事実なのですから、当然の報いと言われれば、その通りでしょう。

それは重々理解はできるのですが、社会人の時代に生活のためにただひたすらに働くことだけを余儀なく迫られてきた時点では、そんな先のことを、つまり定年後の人生設計まで考える余裕がなかったのが、現実だった筈です。

何故なら、「毎日ストレスを感じながら働くことがそれ相当の苦痛になり、さらには会社に行くのが結構しんどかった状況」に追い込まれて、それを何とか遣り過していくだけで、精一杯であったであろうからです。現実にそのような状況を少なからずそこそこの方々が、経験してきたのではないでしょうか？

もし、それが「然《しか》り」であったなら、本当に皆さん辛かったですよね。

そんな状態の時に、「将来を考えて、その方向に向かってできるだけの努力をしておけ。」といわれても、正直どうしようもないのが事実だったと思われます。したがって、どんなに仕事生活が大変であったとしても、現実それを乗り越えつつ定年後の事を考えてきた一部の人達だけが、成功者に成り得たのではないでしょうか？

凡人は、いつの時代でもどんな状況に置かれても、いわゆる凡人でしかあり得ないということなのです。それ故に、面白くもない毎日を、ただ時間を消化するためだけに過ごしている訳です。

それは何故か？　パーソル総合研究所（本社・東京都千代田区）によりますと、「42.5歳で出世したいと思わない人が思う人を上回り、45.5歳でキャリアの終わりを意識する人が、意識しない人を抜く」そうです。つまり、仕事人間としては、夢を諦めなければいけない状況に陥るということです。何とも言いようのない話ですが、この事実に鑑《がんが》みますと、これが我が国の人口の三分の一弱を占める第二の定年を迎えた、65歳以上の高齢者の現実の姿ではないでしょうか。

しかし、そういった事実を理解しつつ、こんなことにいつまで拘《こだわ》っていてもしょうがないのです。何故なら残された時間は有限であり、とても短いかもしれないからです。

何としても余生を納得し、満足できるものにしなければならない筈です。そうでなければ、何のために生まれそして生きてきたのか、何のために仕事人生のそれも特に40〜50代を頑張ってきたのか、全く分からなくなってしまうではないですか。

何とか、「毎日が楽しくって、生きているってこんなに素晴らしいんだ」と、思える日々を過ごさなければ、生きていたくてしょうがなかったのに、不幸にも若くして亡くなられた方々に申し訳ないではないですか。本当に罰《バチ》が当たりますよ。「どんなにあがいても何をしてでも、皆が充実した生活を送らないと」と、感じるのです。

したがって、日々心身ともに満たされた生活を送っているのではなくて、生きているのが辛くてただ何とか時間を消化しているだけの高齢者は、ここから気持を入れ替えて逆襲を試みなければならない訳です。目的・目標のない毎日を生きていくことが、どれほどしんどいことか。多分多くのシニアの方々が、身に染みていることと思います。それだからこそもっと真剣に、先ずは「生き甲斐って何なんだろう」とか、「どうすれば今までお世話になった世の中にお返しができるんだろう」などと、種々の事をじっくり考えてみるべきです。

そうでなければ、ただ辛いだけの人生を送って、一生を終えてしまうことになりかねません。終活を迎えるに当たって、というよりはむしろもっと前向きに「自分の一生は本当によい人生だった。今直ぐ死んでも悔いはないし、思い残すことも何もない」と、言いきれる最後にするために、これから自分の人生に創意工夫を加えながら、頑張って生きていこうではありませんか。

「人は本当に平等？」

　この問題は、「イエス・ノー」を決めるのになかなか難しい事象のようです、何故なら、質問を投げ掛ける相手によって、その感じ方や意見、さらには答えがバラバラだからです。しかし、多くの人に訊いてみました結果、「人間は決して平等ではない」、「人生は不平等だ」と、いう答えがかなり多くの割合で返ってきたのです。「何故ですか？」と、その理由を問うてみますと、その内容は大体一緒のようでした。その根底にあるものは、「自分がもっとよい想いをしたい」、「自分がもっと恵まれたい」などと、いうことのようです。

　それらの一部を具体的に述べてみますと、「もっと金持ちになりたい、あるいはなお一層の資産家の家に生まれたかった」、「何故頭はこのレベルなのか」、「芸能人になれるくらいよいルックスに生まれたかった」等々の、理由が多いようです。そういう面から言わせて頂ければ、筆者も一言申し上げたいです。何故なら「ちび、でぶ、はげ」と、女性に持てない要素を三拍子備えているからです。当然のことですが、そんな生まれ方を望む訳がありません。

頭脳や容姿は、よいに越したことはありません。それは、万人が思うし望む事柄でしょう。しかし皆がそうだと、これまた難しい状況になると思います。だってその中でも当然差がつく訳ですから。

そう考えてみますと、物理的にあるいは外見的に何か物差しなどで計れる要素や事象に関しては、「平等」はあり得ないのではないでしょうか。もしそうであるなら、「人生は少なからず不平等」と、いう結論に至ってしまうかもしれませんが、その考え方は明らかに違うと思います。もし実際にそれが事実であるならば、正直人生は辛過ぎます。

そこで結論から言いますと、「人間は平等」です。今年開催の筈であった、東京オリンピック、パラリンピックが世界的なコロナ禍で延期され、来年の開催予定に変更されました。そのせいか、近頃パラリンピックの選手がよくマスコミに取りあげられます。その時の、インタビューを受ける選手達のコメントを聴いていますと、そのハンディキャップや不自由さにも拘らず、皆さんは「自分が不幸」とは、決して言われません。否、むしろハンディキャッパーであるが故に、そういう人々にしか味わえない幸せがあるということを話されます。何と前向きかつ建設的な、自己を肯定した素晴らしい考え方をされていらっしゃるのでしょうか。

こうした事実を考えてみますと、「人は平等」かどうかは、ビジュアルあるいは身体的な要素では、判断できないということではないでしょうか。そして「平等」の概念は、個々人の価値観によって、異なってくると思われます。ある人は、「全てが恵まれていないと満足できない」と、いくら他の人よりもよい環境に置かれていても、納得できないと考えるかもしれません。

他方、全く他人と比較することもなく、自分がとても大変な辛い状況にあるとしても、その大小に拘らずちょっとでも「ラッキー、嬉しい」と感じられる事象があれば、「自分は何と幸せな人間なんだろう」と、感じる人もいます。

そうであれば、常に他人との比較の上でその満足感を持てるが故に、「人は平等」と思う人もいるでしょうし、あくまで自分個人の価値観で「何と恵まれているんだろう」と、「幸福感」を味わう人もいる筈です。

つまり、「平等」か「不平等」なのかは、他と比べるからそこに差が生まれてくるのであり、したがって自分が生きる上できちんとした価値判断基準を持っていれば、そのような違いは生まれてこないのではないでしょうか。

でも現実には、多くの人達がその「不平等さ」を訴えます。しかし、その考え方は明らかに違うのです。では何故「不平等」ではないと、言えるのでしょうか。その理由は、人間個々人の「満足感」、「幸福感」などは、比較できるものではないですし、また比較のしようもないし、さらにはそれをすべき要素でもないからです。「大きな幸せ、小さな幸せ」などの差はあるかもしれませんが、「幸せを感じられる」という気持を、人として生まれた以上全員が持てる訳ですから。この事実を踏まえれば、「人間は平等」と言わざるを得ないのではないでしょうか。

人は、個人が感じる幸福感を比べることはできませんし、する必要もない筈です。つまり、皆が自分に起こるある事象によって、「今とても幸せだ」と感じることができる以上、「人は平等である」と言わざるを得ないのです。

このような事実を知りますと、つまらない外見のことや些細な物事に拘らず、また金銭面に固執しないなどにより、常に自らの「幸せ捜し」をして、「ビビッドに生きていけばよいのではないか」と、いう結論に至ります。したがって、他人と比較して自分を悲劇の主人公にするのは、明らかにナンセンスです。

与えられた環境の中で、あるいは自らが生まれ育った状況の中で、自分は自分らしく自身の分を守って欲をかかずに生きていけば、人は皆「平等」なのです。他人と比べても、全く無意味です。それが証拠に、いくら金持ちであっても更なる金銭欲にかられて、罪を犯す人がいる訳ですから。それほど金を持って、どうしようというのでしょうか。人間の命は何億円か出せば、多少は延命も可能になるかもしれませんが、どうやっても命そのものを買える訳ではありません。生ある者や物において､死は全てに「平等」に訪れるのです。

生きるモノ全てに「平等」に、「死」がその長短に拘らず存在するのであれば、ある程度自由な時間を十分に楽しめる定年後の人生を、自らの力で存分に価値あるかつ納得できるものにしなければ、その一生は後悔せざるを得なくなるに違いありません。

最後の最後になって、ＯＫサインを出せない人生ほど、辛く悲しいものはないと思います。したがって、誰にでも「平等」に「死」が訪れる以上、是非とも「定年からの第二の青春」を、納得がいく形で生きて欲しいものです。決して、それを持て余すような、勿体ない日々の繰り返しだけは、止めてくださいね。

「執着心は害になるだけ」

人は、常にベストを望む存在であると感じます。「ベスト」とは、「自分にとって一番都合のよい状態」と、いうことです。

誰しも何かをする時には、その目的なり目標がある訳ですから、それをした時に最高の結果が出ることを求めるのは、当然です。その逆に、希望する形と全く反対の状況になってしまった場合には、ひどく落胆します。仕事においても、勝負事にしても何に関しても、自分にとって心地よい結果になって欲しいと、考えるものです。

ですが、世の中で起きるほとんどの事柄に関して、相手があることを忘れてはいけません。つまり、自分があることに対して期待をするように、相手も同じ結果を望んでいるということです。

そうであれば、自分にとっての好都合＝相手にとっての不都合と、言えるのではないでしょうか。自分にとっても相手にとっても、好都合という状況は、なかなか成り立たないものです。

つまり、ＷＩＮ・ＷＩＮの関係になれれば最高ですが、世の中そう上手くはことが運ばないのが普通です。何故か？　それは、お互いの欲がぶつかり合うからです。

勝負の世界では、両者が勝者ということは、最後まで決着をつけようとすれば、あり得ない話です。ごく偶《たま》に、「引き分け」というのが、ありますが。したがって、勝者、敗者が生まれるのは当然な訳ですが、敗者になった場合、人はどう気持の整理をつけるのでしょうか。敗れたが故に、声を出して「ワンワン」泣けば、よいのでしょうか。

確かに泣くという行動には、心を静めるという効果はあるようですが、それでことが修まるのであれば、誰も苦労はしないし歯ぎしりをして、悔しがることもないでしょう。

要は、どこかの時点で自らの負けを認めて、諦め、割り切りをつけなければならないのです。それは皆が分かっているのですが、これを実践するのはとても難しいことです。

勿論、非常にさっぱりしている性格で、「結果が出てしまったことはしょうがないじゃないか」と、ある程度かんたんに割り切れる人はよいのですが、未練がましい人、執念深い人にとっては、そうかんたんにそれは受け入れられるものではありません。

その手の人においても、すでに結果が出てしまった訳ですから、つまり時間を前に戻すことはできないのですから、割り切るしか他に術《すべ》はありません。しかし、その事実が頭で分かっていても、気持が許さないが故に、何時までもどうにもならず、「ぐちぐち、ぐちぐち」考えるのです。時には、「神経がおかしくならん」ばかりに、さらには「気も狂わん」ばかりにです。

では、それほどしんどい気持にどう整理をつければよいのかが、とても大きな問題となります。何時になっても昔のことを蒸し返す一部の人間に、本当に区切りをつけられるのでしょうか。それは、無理だと思います。

でも、そこにはただ一つだけ、その方法があります。それは何か？　どんな事柄に対してもベストを尽くすことです。「これが最善、これ以外に選択肢はない」というところまで、とことん考えた上で行動を起こすのです。そうすれば、もうそれ以上になす術《すべ》はない訳で、いくら考えても意味がないと割り切れるからです。

そのあとは、そうして出た結果には一切後悔せず、全て納得した上で忘れるように努めるのです。しかし、それくらいのことは皆が分かっています。頭では重々理解しているのです。にも拘らず、なかなかそれを実行に移せないので、困っている訳です。

それ故、最終的に一つ考えておかないといけないことは、それだけ何時までも「くよくよ」喰い下がっていれば、その結果は自分に都合のよいように、変更可能なのかということです。さらには固執している本人は、その執着心によって幸せになれるのかという問題です。流石《さすが》に、それはマジックででもできないでしょう。

まして、起きてしまった過去の事実をくつがえすことは、神様でも無理なのですから。できるできないに拘《かかわ》らず、自分自身の幸せのために割り切り、忘れるしか方法はありません。でも行動するに当たって、考え抜いた末に自己のベストを尽くした結果であれば、誰しもきっとその諦めがつく筈です。否、むしろ前向きに次に繋げて活かせるのではないでしょか。

人間にとって、何事においても一回の失敗はやむを得ないのでは、ないですか。誰もそれを責めることはできないですし、勿論、自らも自分を許してよいのです。

しかし、同じ過ちを二度繰り返す人は明らかに愚かな訳ですから、決してそうならないためにしっかり反省したあとは、自分に優しく接してあげましょう。そうして、少しでも幸せな日々を送りましょう。人は年を取れば取るほど、頑固になり、さらには諦めが悪くなるものです。故に、自分は執着心が強いと自覚している人ほど、人生の第三クウォーターを迎えた人間らしく、大きく広い心を持って爽やかに生きて欲しいのです。

したがって、懸命な皆さんには自分が楽に生きるために、この考え方を是非とも実行に移していただきたいものです。

「いちいち心配するのはよそう」

これに関しては、生まれ待った性格に起因するところが、非常に大きいように思われます。世の中には、楽観主義者、悲観主義者がいる訳ですが、多分ほとんどの人々が楽観主義者でありたいと、願っているのではないでしょうか。

何故なら、当然のことではありますが、人の一生には「限り」があり、そうであるなら毎日楽しく生きたいからです。起きてしまった出来事の結果は変えられないのですから、なるたけそれを事実として受け止め、大して気にせずに消化していきたいものです。

楽観主義者においては、それが可能なのです。つまりいくら考えても変わらない現実を「しょうがない」、「やむを得ない」こととして捉え、直ぐに割り切って思考を次の事象へと移していけるからです。

それに対して悲観主義者は、「どうしてこんなことが、自分だけに起きるんだろう。何て自分はついてないんだろう。」と限りなく悩み考え続け、全く前に進めなくなるのです。何時まで経っても同じことに拘って、「何で、何で?」と、考えるのを止められません。

自分でも余りのしつこさに、いい加減嫌になってしまうのですが、さらにエスカレートしていきます。こうなると、もういけません。気持が暗くなる一方で、何にもしたくなくなります。そして、完全に無気力な状態に落ち入り、そこから抜け出せなくなるからです。

しかしながら、人間誰しも明るく楽しく生きたい訳ですから、こういった状況に好きこのんで、陥る人はいない筈です。逸早く割り切って自分なりの結論を出し、忘れ去りたいのです。これができないのが、悲観主義者や根暗な人間の弱みであり、自己嫌悪に落ち込むくらい嫌な点です。

とは言え、いくら悲観的な人間とて何とか楽観的に生きたいと思うのですから、そうなれるように常に努力し続けなければなりません。よしんばそれが生まれ持った性格とはいえ、愚痴の一つもこぼしたくなる筈です。何故なら、自分でも好きこのんでそうなった訳ではないのですから。

これに対し、楽観主義者の生き方は、羨ましいくらい楽だと推測されます。何故なら、嫌なことは考えないようにすれば、かなり早く忘れられるし、その出来事に拘って自分を追い込む状況が少ないからです。こういう根明かな人の人生は、さぞかし毎日がワクワクするものでは、ないでしょうか。

そこで問題になるのは、根暗らから根明かへ性格を変える手段があるのか、それが可能なのかということです。何故なら、意思というものを持ち合わせている人間は、皆幸せに楽しく暮らしたい訳ですから、何としても前向きな考え方をできるようにならなければいけないが故です。

極端に言えば、そうならなければ人間として生まれてきた意味がないと言っても、過言ではないと思われるのです。

そこでです。性格を変えるにはどうすればよいのでしょうか？　先ず取り組んでみるべきことは、暗い考えや自分にとって不利な思いが浮かんだら、その時点で一切それらを無視し、全く別の事象を考え始めることです。あるいは、考える時間がなくなるように、何か作業なり仕事を始めるのです。何でもよいから、次から次へ手と体を動かす訳です。余談ですが、女性の方は家の掃除や片づけ、さらには料理などが多いようです。

要は、自身にとってマイナスな思考が頭に浮かんでいる状態を、シャットアウトする訳です。そうして、できるだけ負の考えを自分の思考回路から締め出していくのです。それによって空いた時間に、何かプラスのことを考えてみる、自身にとって心が浮き浮き踊るような事象を思い描くようにしてみれば、徐々にではありますが、悲観主義を直していける筈です。

自分は、このまま一生悲観主義者で生きていかないといけないのかというような、つまらない心配をいちいちしないように、常に心の動かし方を訓練していくのです。やはり、何事においても「努力が伴わないところに成功はない」訳で、常にプラスの考え方を志向していくことは、とても大切です。

正しい行いをし、目指す目標をハッキリさせてそれに向かって努力していれば、願いは必ずといってよいほど、叶う筈です。

したがって、皆さん、同じ生きるなら充実した人生を過ごしてみましょうよ。何か悪く嫌なことが起きるのではないかと日々心配しながら、ただただ無駄に時間を消費する生活をするのだけは、止めて欲しいものです。「明るく楽観的に、そして前向きに」を心掛けていけば、人生は不思議とそのようになっていくに違いないのですから。

「つまらないことに気を使うな」

皆さんの中には、とても未練がましい性格の人がいると思います。つまり、何か自分にとって不本意なことがあると、「どうして自分にばっかり」と、必ず考えてしまう類です。

それは、誰でも同じかもしれません。しかし、普通は一定の時間なり期間が経過すれば、気にしなくなると思われます。他方その種の人達の場合は、次のそれを上回る何か良い事が起きないと、ずっと気を使い拘っているのです。

起きてしまった事の結果は、いくら考えても変わらない訳ですが、頭では分かっていても、感情がそれについていけません。したがって、いつまでも「ぐだぐだぐだぐだ」考えてしまいます。こういう生き方をしていると、本当に疲れる訳でして、何かもっとのんびりした過ごし方ができないか、すっきり爽やかに生きていけないかと、常に悩んでいます。

そういう状況が続いていると、当たり前のことですが胃の調子も悪くなりますし、体調も崩れてきます。何とか毎日もっと楽に生きれないかと、悶々としているのですから、当然でしょう。

しかし、持って生まれた性格とはいえ、どうしてこれほど一つの出来事に拘るのでしょうか。この種の人々は、多分自分で自分の性格を理解しかねていると思います。この気性が未来永劫続くのであれば、もうこんな辛い人生を生きていてもしょうがないのではないかとまで、それを持て余してしまう筈です。だからといって、死ぬのは人一倍恐くてしょうがないのです。このような人は、これからどう生きていけばよいのでしょうか？

とはいえ、皆さんは答えが分かっている筈です。今までに述べてきたように、そのことについて深く考えないようにし、さらには拘らずにかんたんに割り切ればよいのです。

しかし、どうしてもそれができない。何故なのか？　筆者は、自分のこととしてとことん悩み、つきつめてみました。

その結果、理由が分かったと同時に、それは極めてかんたんなことでした。答えは、他の人つまり割り切りのよい人より、かなり欲深いということです。多分このせいだと思います。この欲を抑えないと、一生その性格は治りません。それだけならやむを得ないと思われるのですが、多分ずっと苦しい日々を送らなければならない筈です。

こんな人生を物心ついてからずっと生きてくると、当然のことではありますが、いい加減疲れてきます。しかし、一歩見方を変えてみますと、原因が分かっているのですから、問題はそれを克服しようという強い気持を持ち、それにしたがって行動するかどうかです。

もしそのように動かなければ、心が休まる時がないのです。何故なら、自分に無いモノを欲している訳だからです。

でも、こういう性格で悩んでいる人、さらにはそれを持て余している人がたくさんいるのも、事実ではないでしょうか？　そうであれば、筆者がこの問題を突きつめて答えを出すことが、多少なりともその手の方々のお役に立つのなら、これについて悩み考えてみることにも価値が生じ、皆さんに貢献できる可能性も生まれてくると思います。

この種の人達は、言い方は語弊があるかもしれませんが、毎日気楽に「のほほーん」と生きている人にとても憧れますし、実際にそのように生きたいのです。自分の欲が人一倍深いとはいえ、些細なつまらないことを気にするのは、自業自得ではありますが、正直非常に辛い訳です。何故なら、常にモチベーションが盛り上がらない状態で、生活しているのですから。したがって、多くの方々に同じ悩みを抱えて欲しくないと、切に願う次第です。

そうであれば、課題は「欲ばらずに生きるにはどうすればよいか？」を、考えることでしょうか。それに対する答えを出すことですよね。これができなければ、これから残された一生の中で一番大切な第二の青春期を、幸せには生きていけないということです。特にシニアになってからは、時間が有り余っていて、つまらないことを考える状況がいくらでもあるが故に、この事実がぴったり当てはまるのです。

しかし答えは、「欲をかき過ぎずに程々で満足する」ということですから、あとはそれを具現化する強い意思と意欲を持つかどうかです。この類の性格を有している皆さん、最終的に今後の35～40年を幸せなものにするために、是非とも何事に対しても私欲はそこそこに抑制するべきです。今までいくら納得がいかなかったと後悔しても、過ぎ去った60年の過去は変えられない訳ですから、起きたことはそれとして、素直に認める気持を持ち、さっぱりと忘れさりましょう。

この種の人々は、自分の考え方を変えて将来をハピーなものにする自信が余り持てないために、とかく過去を振り返りがちです。そして、「自分の人生は何だったんだ。つまらない事ばかり気にして悩みっぱなしで、何にも良い事がなかったじゃないか」と、また悩んでしまう訳です。

したがって、本当にそれまでの人生を肯定する前向きな捉え方に変える必要があるのです。それによって、初めて新たな世界が見えてきて、それらの事象に気を取られないで済むようになれる筈ですから。

故に、自分自身がビビッドな将来を生きるべく、つまらない事に気を使わないでいいように、欲をかくのは程々にしておきましょう。だって、そういう人達にとっては、結果的に何にも考えないでいることが、幸せに繋がる訳ですから。この事実をしっかり頭に置いて、人生１００年時代を実のあるものにしていこうではありませんか。

「些細なことに拘らず割り切りのよい生き方をしてみては」

　どうでもよい事柄に拘って、うじうじ考えてよいことはあるのでしょうか。人生においては、日々本当に数え切れないほどの種々の出来事が起きます。自分が望んでいないことも勿論発生しますし、自分が何にもしなくても、災難がふりかかってくることもあります。予期せぬ事象は、当たり前の如く自らの身に起きる訳ですから、問題はそれをどう受けとめるかではないでしょうか。

　納得できないあるいは理不尽なことはいくらでも生じますから、ここではそれらにおける対処の仕方を考えてみたいと思います。性格的に何が起きても余り深く考えず、したがってほとんど悩むことなく問題が解決してしまう人もいるでしょうし、逆にその問題が頭から離れず、どっぷり悩み込んでしまう人も多いと思われます。

その確率は、２：６：２の割合ではないでしょうか。つまり、悩んで頭から離れなくなってしまう人が、２割。反対にほとんど問題とせず、さして気にも留めずにいても何となく上手く修まってしまう人も２割。６割は、そこそこ気を揉むけれどそれほど真剣に考えなくても、結果が出てしまうという人々。

でも、多分誰しもつまらないことで、余り神経を使いたくない筈です。そんなに煩わしい時間を過ごすのは皆んな嫌ですから。しかしそれにも拘らず、考え悩んでもしょうがないと分かっているのに、割り切るなんてとんでもないとばかりに、そこにはまってしまう人達がいます。勿論本意でそうなる訳ではないのですが、嫌だ嫌だと思いつつ何故か自分の身に起きたことを気にしてしまうのです。

しかし、ここで一つ考えなくてはならないことがあります。例えば、これが人間関係のトラブルであるならば、相手の人は二人の間に起きた出来事を、自分が深く思い悩んでいるほど、真剣に考えているのかということです。相手が自分と同程度に、あるいはそれ以上に問題と考えているのであれば、それなら自分もしっかり考えなくてはいけないでしょうが、もし先方が一時的なことと捉え、軽い気持で反応してくるのであれば、自分だけそれほど深く考え悩んでも、果たしてその価値があるのかどうか、とても疑問です。

苦労を重ねて、せっかく定年を迎えた今自由な時間を持てるようになったのですから、その開放感に浸っている時に、意味のないことで悩みたくないのが、当たり前の感覚です。しかし、生まれ持った性格がそれを許してくれない訳ですから、これは始末が悪いのです。こういう場合に、採る手があるとすれば、それは一つです。何か？　その件に関する考えが頭をかすめたら、一切それに関わらないことです。要は、直ぐに気持を切り替えて、考えがその思いに捕らわれるのを、断ち切る以外に手はありません。

しかし、いつも疑問に思うのですが、先方はその件に関して、それほど拘っているのでしょうか。全く違うことに、気を取られているのではないですか。したがって、ここで皆さんにご認識頂きたいのは、目に見える事実にだけ対処すればよいということです。常に相手の気持ばかりを慮《おもんぱか》って、そのことで自分が必要以上に気を使って、疲れてしまっても誰も得をしないし、さらには誰のためにもならないのです。というより、むしろ害を生み出す可能性さえあります。

相手が自分に対して目に見える行動を起こしてくれれば、それに対しては誠意を持って対応しなければなりません。しかしそうでない場合には、ほとんどのことが自分の一人相撲のケースが多いのです。そうだとしたら、それでいらぬ気を使って変に相手に遠慮すれば、余計にことがこじれる場合さえあり得ます。こんなバカげた話は、ないでしょう。

明らかに自分が人様に迷惑を掛け、その理由をハッキリ自ら認識していて、誠意を持って詫びなければいけないという状況であれば、何でそんなことをしてしまったのかと深く反省し、思い悩むべきです。そうでなければ、再び同じ間違いを犯す可能性がある訳ですから。とは言え、他人様を傷つける権利は、誰も持っていない筈です。したがって、同じ過ちを繰り返さないためにも、この場合は十分に自戒して欲しいのです。

でも誰が考えても、どんな人に相談しても「そんなことは気にする必要は、ないんじゃないの。」と言われるような些細な事象で、くよくよ悩む必要性が本当にあるんでしょうか。その後は自分に非がないと思えば、割り切ってもよいのではないですか？　否、むしろ割り切るべきでしょう。要は、人の行動はそれをするだけの価値を、常に伴いたいということです。誰かのために気を使って、その相手の感情が納まるのであれば、その行いは十分に意味を持つものになるのですが、中には相手が悪いのに、当然の如く開き直っているが故に、揉めるというケースもなきにしもあらずです。そんな状況であることを理解せずに、相手のために神経を擦り減らすのは、極めてナンセンスです。

こう述べてきますと、自分が気にするほど、相手は拘っていないという状況が、ほとんどではないかと思われます。例えば人間誰しも、何らかの形でコンプレックスというものを持っていると思いますが、それさえ自分がそう思い込んでいるだけで、他人はさして気にしていないものです。それなのに、人が自分のコンプレックスを引け目として捉えて考えるのは、正に本人の勝手な被害妄想です。

以上を鑑みますと、本当に些細なことで悩みたくないですし、拘《こだわ》りたくもありません。一人相撲をせずに、当然の如く割り切って欲しいと思います。あくまで、他人様に迷惑を掛けていないという範疇での話ですが。

さらにもう一つ述べておきます。コンプレックスって、自分で必要以上に気にするからそれになるのであって、自分が軽く受け流せば、他人にとってはどうでもよいことなのです。所詮じっくり考えてみれば、コンプレックスも拘る必要のない、些細なモノであるということを、ご理解頂きたいと強く願う次第です。

「他人の評価を気にすることなかれ」

横並びの生活を重んじる大多数の日本人は、皆が同じような環境で暮らしていれば特に文句はなく、心安らかに日々を送れるのです。これはずっとずっと昔、農耕民族であり皆が同じ形態で不公平なく、生活していたという歴史に起因すると考えられます。

したがって、似たような暮らし方をしている人は自分の仲間なのですが、その中からちょっとでもよい状況に移った人がいると、途端に批判の的になることが、ままあります。

仲間意識が強い日本人としては、自分が上に立つことは納得しますが、他人が上位に立つ状況は、とても認めがたいのです。これが、プライドないし見栄のなせる現象というものでしょうか?

とは言え、よい環境を築き上げた人は、その人なり夫婦の努力でそれを作り上げた訳ですから、周囲の人々が表立って意地悪をしたり、批判をすることはできません。そのように振舞うのは、自分の自尊心が許さないからです。

でも、そうは頭では考えられるのですが、自らの感情が許容しません。そういう人を見かけると、何故か気持がいらつき、素直に付き合えなくなるのです。その類の人達は、そんなわだかまりを抱えた状況で日々を過ごすのは、当然のことながらとてもしんどい訳ですから、何かその不満を解消する方法はないものかと、必死になって考えます。

そこで考えつくのが、相手のあら捜しです。何か自分より劣っているところはないか、どこか文句をつけられる点はないかと、真剣に捜し始めます。

ここで生まれてくるのが、「人の評価」です。物事には常に二面性がありますから、文句をつけようとすれば、何でもその対象になるのです。根性の悪い人間は、相手の気にくわないポイントをどんどん批判してきます。言われた方の性格のよい人は、それを真摯に受け止めて何も悪いことをしていないにも拘《かかわ》らず、気にして悩む訳です。こんなばかな話は、あるでしょうか。全くナンセンスです。

しかしながら、こういう状態は我々の身の周りに、いくらでも存在するのではないでしょうか。ましてや、人の批判を平気でする人達は、その対象の浮かない顔、元気のない表情を見ると、とても嬉しいのです。なんとも始末が悪いですよね。でも、これが「いじめ」をする原点ですから、大人の世界でもこんなことは、いくらでもあり得ます。

会社であれば、自分より仕事ができる人間を見かければ、自分は彼・彼女には負けていないんだと自らを正統化するために、何か相手のあらを捜し出しますし、自分より上司に可愛がられている同僚がいれば、何かにつけて批判したくなるのです。

勿論、自分に非があり悪い点があって、その指摘が的を得ているのであれば、当然のことながらそれに真摯に向き合い謙虚に反省して、自分のその後の成長の糧にしなければいけないのですが、そうではなくてその発言が相手の僻《ひが》み根性から出ているのであれば、そんな評価は全く気にする必要はありません。

人間の性格の中で最も素晴らしい要素の一つが、「謙虚、素直」であると考えます。

したがって、先方があくまで自分のことを想ってくれて、真剣に注意してくれるのであれば、それは謙虚に素直に聴き入れなければならないでしょう。何故なら、相手が文句を言うだけの価値のない人物なら、諦められて誰も注意さえしてくれないからです。よく言われることですが、「本当に人間は何も言われなくなったら、もうおしまい」です。

ましてや、その相手がすでに定年を迎えた高齢者であれば、若人はなおさら苦言を呈してくれないと思います。したがって、先方の言っていることが、正しいのかどうかを見極める力がとても大切になります。要は、自身の価値判断基準をしっかり持っていなければならないということです。常にそれに照らし合わせて、反省すべき点は謙虚に反省したいものです。

しかし彼らが言ってくることが、どういう根拠に立脚しているのかが一番大事なポイントですから、何でもかんでも他人の評価を気にする必要は、ない筈です。それが、自分への好意から発せられた言葉であり、当たっていると自ら納得できるのであれば、真摯にそれに向き合って反省し、直していきましょう。でも、それが不純な動機から発せられているということが見て取れるならば、いちいち他人の評価を気にすることは、ないと思います。

人間は、全ての人が社会の中で生活しているのであり、人様のお蔭があって生きていける訳ですから、できる限り他人の意見は素直に聴き入れた方がよいと思います。また、そういうことを可能にする、心の器を持ちたいものです。

しかし、その場合にはあくまで自分に対する他人様の評価が事実に基づいており、好意から発せられたものでなければなりません。万が一、それが悪意に満ちたコメントであり、妬《ねた》みなどからなされたものであるのなら、一切気にする必要はないでしょう。と言うよりは、むしろ「馬耳東風」の方がよいと思われますが。

「過度な期待をするのは禁物」

人間にとって夢を持つのは、とても大切なことだと考えます。いくつになっても、そして定年を迎えた人においてもそれは必要だと思うのですが、特に高齢者にはその大小に拘《かかわ》らず、必ず抱いて欲しいのです。何故なら、それは生きるためのガソリンのようなモノだからです。

夢の大きさと、それに向かって努力する姿勢によって、その人間の人生は決まると思われます。夢を描きハツラツと生きている「70歳の若人」のことを後述しますが、当たり前の如く人生は一回しかない訳ですから、誰でもできるだけ楽しい一生を送りたい筈です。

人生には、波乱万丈と平々凡々の二種類がありますが、皆さんはどちらをお望みになられるのでしょうか。前者であれば、よい状態の時の山はとても高いが故に、この上ない幸せに満たされるでしょうが、逆に状況が悪くなって谷に落ち込んでいった時は大変です。底なし沼のように、ズブズブと沈んでいきます。

逆に後者の生き方を望むのであれば、山谷がそれほどなく毎日を大過なく過ごせばよいということで、こちらの幸福度は余り大きくはないかもしれませんが、日々安定して心安らかに暮らせる筈です。勿論大過なくを選んだのですから、「なる丈病気もせずに」ということが、保証されるとよいのですが。

期待の成就の成否は、当然その人の努力や頑張りの度合にかかっているのですが、波乱万丈の生き方をし、「破茶滅茶に努力しているから、この希望は必ずといってよいほど叶うだろう」と、いう過度な期待を抱くのは、絶対と言っていいほど禁物です。「成功するかしないか」が、その努力の程度に関わってくるのは確かですし、その確率はどれだけ頑張ったかによって上下する訳ですが、何事にも「絶対」ということはないからです。他方、やはり他力本願ではないのですが、その人が生まれ持った運も必要なのではないでしょうか。

ここで言う「努力」とは、並大抵のそれではないことは、お分かり頂けていると思います。例えば、起業を志して成功を望むのであれば、本当に寝る時間も惜しんで、全身全霊をうちこんで一日中その経営方法を考えていなければならないかもしれません。この状況は、死ぬほど辛いと思います。日々情緒不安定であり、心臓は重痛くて今にも止まりそうになりますし、やっと寝る時間になっても、心配でろくに睡眠も取れないくらいですから。

できればこんな心臓に悪い、体に超負担を掛ける生き方はしない方が、楽でよいと思うのですが、そこは人の生き方はそれぞれですから、「そうでないと生きている気がしない」と、いう方もいらっしゃるでしょう。多分、今日のベンチャーを成功させ、一流と呼ばれる企業の経営者の方々は、皆さんこのような経験をされてきたことと思われます。死ぬほど苦しい想いをして、今の立場、地位を築かれたのは、明白な事実でしょう。

しかし、人間には持って生まれた器量とか度量というものがあります。大きな夢を描くのはよいのですが、大口をたたくだけで努力が伴わない人もいっぱいいいる筈です。というよりは、むしろそちらの方が大多数ではないでしょうか?

いくら大きな夢を持っていても、ビジョンもなく、さらにはインテリジェンスもないのであれば、その実現は明らかに無理です。厳しく言ってしまえば、金をドブに捨てるようなものです。こう考えてみますと、やはり人間は、分相応に生きるということが、一番大切なのではないかと思われます。

日々さしたる変化がなくても、それが当然であり、それでよいんだと謙虚に受け入れることは、とても素晴らしい事象なのではないでしょうか。この生き方ができれば、その人は最後にきっと自己実現が可能になる筈です。

それを具現化することにより、最後の最後まで納得のいく一生を過ごせるのであれば、それはきっと最高の人生でしょう。定年後においてこの見極めをすることが、とても大切な訳です。それぞれが分相応を弁《わきま》え、必要以上の欲をかかなければ、きっと皆が平和に暮らせる筈です。

ブータンの子ども達／幸せの基準は国家ではなく個人・家族

ブータンという国が、良い例ですよね。与えられた環境や資源の範疇で生きることを国民皆が心得ているから、「世界一幸せな国」な訳です。「1日3食食べられて、寝るところがあって、着るものがあるという安心感」、それだけで満ち足りていて幸福だと思えるからだそうです。

故に、いくら経済的に恵まれていても、心が貧しいのであれば、何にもなりません。並外れて法外な金持ちなのに、何故か幸せを感じられない人々は、いっぱいいるではありませんか。

分を弁《わきま》えて生きていれば、他人に迷惑を掛けることもなく、些細な出来事で争う必要もない筈です。世の中に、もしも生き方のこつがあるとするならば、それは自らの器量を知り、その実力を自覚して生きることではないでしょうか。

そのために、定年後の青春を生きていく過程において、「過度な期待」をせずに、「ささやかにつつましく日々生活すること」が必要だなと、痛感する次第です。

第二章

自分の天命を信じてみよう

「天命、宿命、運命」

人は、何故か自分にとって不都合な事柄が起こると、「これは運命だから、しょうがない」というようなことを言います。反対に、良い事があっても、そうは語りません。何ゆえに、こういう事象が起きるのでしょうか。多分、自分の努力不足を棚に上げて、現実から逃げているからではないでしょうか？　あるいは自嘲ぎみに言い訳をしているのかもしれません。

しかし世の中、自分の意に沿わない事はよく起きるものです。反面、自分が喜ぶ事、自身にとって嬉しい状況は、なかなかといっていいほど発生しないのですが。

年を取ると、この現象はさらに顕著になってきます。経験を積み重ねてきた定年後になると、基本的に嬉しいと思える事自体が、ほとんどない訳ですから。若い時であれば喜べた事象でも、もはやそれが当り前になってしまい、楽しくも何ともないのです。

この状態は、生きる者にとってとても不幸だと思われます。何故なら当然のことながら、年を取れば取るほど先が短くなり、楽しい時間を味わう機会が少なくなっていく訳ですから。したがって、絶対にと言っていいほど、充実した毎日を過ごさなければならないのです。

実際そのように行動したいし感じたいのですが、感動する事が加速度的になくなっていくのです。しかし、ただでさえ退屈な毎日を過ごしているのに、本当にそのような状態でよいのでしょうか。

何故こうなってしまうのかと考えてみますと、最終的には謙虚さと感謝の気持がなくなってしまっているからだと思われます。したがって何か不幸な事が生じると、「ついてないいな。でもまっしょうがないか、こうなる運命だったんだから」に、なってしまうのです。

これでは、「運命」もたまったものではないですよね。何でも悪い事は、そのせいにされるのですから。

自分に落ち度があるのに、「運命」で逃げる。でもこうなると、運命って絶対に変えられないモノのような感じがしますけど、本当にそうでしょうか。

運命って、自分の努力やそれを乗り越えようという意思によって、何か違うモノ、コトにできる筈です。

真に変えられないのは、「天命」であり、「宿命」なのではないでしょうか？

人は、ただ運命という言葉を自分を正当化するためにとか、その事実から逃げる手段としてとか、何かを諦める目的で使っているように思われます。こんなことを頻繁に繰り返していれば、それでは確かに運も逃げていくでしょう。

何故なら、運命は強い意思によって、変えられるからです。例えば、さして強くもなかったスポーツ選手が、オリンピックで金メダルを取れるのは、運命を変えるべく他人が想像できない自らの血のにじむような努力によって、その能力の限界を乗り越えたからに他ならないのです。

逆に、不運にも不慮の事故で命を落とす、災害によって命を失うなどというのは、その人の寿命が天命によって、決まっていたからではないでしょうか？　そうでも考えなければ、親しい人は余りの苦しさに、日々暮らしていけない筈です。

それではここで、「天命、宿命、運命」の定義を確認しておきましょう。

「天命」＝しぜんにそなわる寿命。天が定めた寿命。人の力ではどうにもならない運命。天から人間に与えられた、一生かけてやり遂げなければならない命令のこと。

「宿命」＝前世からきまっているさけることのできない運命。生まれつき宿っていること。

「運命」＝人の意思に関係なく、人に幸、不幸をあたえる力。またそれによってひきおこされる事柄や状態。生きてから自分で経験して、加えていく道のりのこと。運ぶ命と書くように、自分の力で運ぶ、動かすことが可能であり、コントロールすることができる。

と、いうことです。

運命を一言で言い表しますと、「めぐりあわせ」、「なりゆき」であるなら、ある程度予想ができる訳ですから、それを防ぐ準備や根回しなどをすれば、回避することも可能な筈です。

しかし、誰にでもこの世に納得できないかつ避けられない理不尽なことは、日常茶飯事に起きる訳ですが、それは天命あるいは宿命ということではないかという気がします。

このことを、自分に置きかえて考えてみますと、筆者は軟弱で小心者ですから、特に神様に「長生きさせてください」と、必死になって祈ります。その一方でこれだけの心労を重ねると、早死にするのではないかと恐れ、常に戦々兢兢《きょうきょう》としています。

でも冷静になって考えてみますと、天命に従うのであれば、つまり「しぜんにそなわる寿命」に、自分の死期が基づいているのであるならば、困った時だけいくら祈っても、意味がないのではないでしょうか。宿命による場合でも、「前世から決まっている避けることのできない運命」なのですから、同じことが言えると思われます。したがって、その類のことをするよりも、毎日を心豊かに丁寧に生きていくという事象が、一番大切なのです。

あくまで人間の生命の長さは、天命並びに宿命によるものであり、運命という言葉を使って言い訳をし、現実から逃げるべきではないのです。さらには、運命を味方につけるために、日々普通の生活ができていることに感謝して、多くを望まず、謙虚に生きていくべきでしょう。

誰のためでもありません。自分自身の幸せのために天命や宿命を尊重しつつ、運命を自分にとって好都合に変えるべく、挑戦してみては如何でしょうか。

正直、この先何年生きられるのかわからない人生です。自らの生き様《ざま》の集大成が高齢者である今の時期なのですから、充実かつ納得できるモノにしたいのは、当然です。今日の暮らしが、昨日の生活の繰り返しならば、明日のそれも今日と同じことでしょう。

そうであるとするならば、そしてそのような生活を送らざるを得ないのであれば、本当に生き甲斐というモノは、あるのでしょうか？　今まで家族や周囲の人々、そして会社さらには社会のために必死になって頑張ってきたのですから、それらから解き放された今、心底自分を大事にして、心ゆくまで満足できる日々を生きてみませんか。だって、60歳を過ぎた今の時期が、人間の一生において第一回目の青春期同様に最も価値を持つ時な訳ですから。

したがって、自身に天命と宿命によって与えられたこれからの寿命が長いことを信じて、充実した毎日を心穏やかにさらには豊かに、ゆったりと暮らしてみたいものです。

「取り敢えず信じてみようよ」

人間は、どのような存在でしょうか？　性善説、性悪説がある訳ですから、無条件で他人の言うことを信じてしまう人もいれば、常に他の人の言動を疑ってかかる人物もいるでしょう。

それは、人それぞれの生き方ですからどちらがよいと言えませんし、どちらを選ぶかも個人の自由な筈です。

しかし、どちらの生き方が幸せかと問われれば、やはり無条件とは言わないまでも、他人を信じて生活していく方が、幸せなのではないでしょうか。

とはいえ、他人を信じるというのは、ある面とても恐ろしいことだと思います。理由はと言えば、世の中には人を騙すことを生業《なりわい》にしている個人がいますし、企業があるからです。そんな人に出会い、一度そのような経験をしてしまうと、なかなか他人の言動を信じられなくなるものです。

何故なら、当然のことですが、誰しもそれによって傷つきたくない、被害を受けたくないと思うからですが。

極端な「オレオレ詐欺」は別としまして、普段の人間関係の中で、意識的に他人を欺こうとしている人が、それほど多くいるのでしょうか。ことの成り行き上、自分を正統化するためにちょっとした嘘をついてしまうケースは、多分その大小は別として、誰にでもあることだと思われます。

いや、「自分は他人に迷惑を掛けるような嘘は絶対につかない」と、いう人も中にはいるでしょうが、それは稀でしょう。と言うのも、人間はそれほど強くないので、そうするのがやむを得ない状況もままあるからです。

では、何故信じることを人は恐れるのでしょう。損害を被るのは勿論誰でも嫌ですが、本音の部分ではもっと奥深い理由があるのではないでしょうか。それは、何?

信じるという行為や感情の裏には、ある種の期待が必ずある筈です。それによって、自分が幸せになれるんだという、淡い希望があるのです。したがって、信じることをできない人は、ささやかでさえある望みにダメージを受けることが恐いのです。それによってショックを受ける、落ち込むことが嫌なのです。結果、他人の言うことを疑って掛かるようになる訳です。

「そんな辛い想いをするのであれば、最初から他人を信じなければよいではないか」。それは、その通りだと思います。しかし、そこで考えなければいけないのは、人間という生き物はお互いに助け合って生きているのであって、一人だけでは決して生活していけないという事実です。

人を信じ、それが故にお互いの気持が通じ合って、ほのぼのとしたものを感じ合えるところに、人間の幸せがあるのです。したがって、致命的なダメージを受ける事態は避けないとなりませんが、基本的には人を信じて生きてみようではないですか。そうして、幸せを自分のものにしましょうよ。

他方、万が一騙されたとしてもそれは自分の責任であり、自分が悪いのです。何故か？　かんたんな理由です。そこには、自らの欲があるからです。不必要に欲を持たなければ、分相応の生き方をしているのであれば、そんなにみえみえの嘘にひっかかることはない筈ですが……。

したがって、もしそのような状況に陥ってしまった場合に人が取るべき行動は、相手を責めるのではなく、自分が甘い考えや欲をかいたという事実を、反省することなのです。

だって、「元々うまい話には罠がある」ということは、誰でも知っている訳ですし、その条理を無視して、欲に走った自分がいけないのですから。

つまり、この世の中で起こる事象は、全て自分に責任があるということです。この事実を忘れずに、大過のない人生を過ごそうとするのであれば、一人では生きていけない以上、先ずは他人を信じてみたいものです。

そして、人との関わりの中で他人に助けられ、また相手の力になってビビッドな日々を送ってみたいものです。

では、最初から騙すことを目的として近寄ってくる、「オレオレ詐欺」の場合はどうするのか？　このケースもやはり人を信じてみたいと思います。でも勘違いして欲しくないのですが、ここで信じる相手は、「息子」を名乗る電話の相手ではなくて、本当の息子さんです。

そのような電話が入った時は、やるべきことはただ一つです。当然の如く、自分の息子との間にどんな事情があろうとも、直に電話して直接ことの真偽を確認すれば、この種の犯罪は起こらなくなる筈です。

何故、そんなかんたんなことができないのか。それは彼との関係の中で、息子が独立したあとにお互いの感情の行き違いが生じ、双方に相手を信じる気持や尊重する意識がなくなってしまったからというケースも、中にはあるのではないでしょうか？　はたまた、お互いの心の中にわだかまりなり、負い目があるからでしょう。

勿論、いろんなケースがあるので一概には言えませんが、でも例えどんな状況にあっても、「老いては子に従え」という諺もあるくらいですから、ここは何事に対しても、さらに誰に対しても素直になりたいものです。

基本、人は最後に頼るのは肉親でしかないのですから、それぞれにどんな事情があろうとも、他人よりも血の繋がった人間関係を、「まずは信じてみる」ことが、人として取るべき方策ではないかと考えるのですが、皆さんは如何お思いになられるでしょうか？

「自分の生き方を肯定しよう」

一昨年のことですが、京都大学特別教授でいらっしゃいます本庶佑さんが、ノーベル生理学、医学賞を受賞されました。誠におめでたいことです。日本人にとっては、とても名誉な事象ではないでしょうか。

ご本人は記者会見で、「自分は幸運な人生を歩んできた」と、喜びを語られていました。他方、「よい研究のタネなら必ず成功する。よいタネを生み出して育てることが最も重要だ」とも、強調されていらっしゃいました。

人間の生き方において一番大事なことは、「どんな時でも常に自分を肯定する」と、いうことではないでしょうか。本庶さんは、一つの研究を50年以上され、その成果を応用して、肺や腎臓などさまざまながんに効く新しい治療薬の開発をされたとのことです。

しかし、この成果を生み出すまでに、どれだけの苦難や試行錯誤さらには挫折など、苦しい道のりがあったのでしょうか？　それはそれは、語り尽くせないものだと思います。

一つの結果を生み出すまでに、当然のことながらそのプロセスにおいて、誰でもその人なりに表現しきれない苦労があると思います。大部分の人々が、その過程で余りの辛さに、成果を出すことを諦めてしまうのでしょうが。

こんなに頑張っても結果が出ない、これは自分のやり方あるいは方法やアクセスの仕方が間違っているのではないかという、疑心暗鬼にかられます。そこで、普通の人々はとことん落ち込み、自らを否定し始めるのです。

自分には、この仕事なり研究そして開発は、無理なのではないかと思い始め、それ以上努力しなくなります。自信が揺らいでくるのですから、ただでさえ難しいのに、そんな気持でいくらやっても成功する訳がありません。結局成果を得られずにそこで挫折し、全てが嫌になってどうでもよくなってしまいます。

それまでの自信は、どこへ行ってしまったのでしょうか。やむを得ないとは思いますが、自分を否定して何になるのでしょうか。あるいは、何の得があるのでしょうか。

とことん考え抜いて一度やろうと決めたことは、いくら結果が伴わなくても、最後までやり通すべきです。置かれた状況がどうであれ、周囲が何と言おうとも決して諦めてはいけないのです。

これは、人生においても全く同じことが言えるのではないでしょうか。人間は十人十色ですから、意見が対立するのが当り前であって、自分のやりたいことが、そんなにかんたんに成就する訳がありません。というよりも、むしろ潰されて当然なのかもしれません。

そんな状況を乗り越えて、自分を信じてやり抜いてこそ、初めて結果がついてくると思われます。今のベンチャー、スタートアップと呼ばれる企業の創業者達は、他人に言うに言われぬ苦労をとことんし尽くして、それでもさらにやり続けて何とかやっと現在の立場なり地位を築いているのです。

そういった覚悟があって、初めて運も味方をしてくれる筈です。

自分が間違った事をしていない以上、法律に抵触する事をやっていない、明らかに他人の迷惑になるのでないのなら、どんな状況に陥っても、自身を肯定すべきなのです。だって、誰しも最終的に自分を助けてあげられるのは、自分しかいないのですから。

とかくネガティブ思考の人は、滅入る状況に落ち入りがちですが、反対にポジティブに考える人達は、「どんな時でも何はともあれ、楽しく暮らそうよ」と考えます。そして、この考え方の違いは、とても大きいのです。

同じ人間として生まれた以上、皆幸せな人生を送りたいと願っている筈です。しかしながら、そこに持って生まれた気性や性格が影響し、楽観主義者と悲観主義者とでは、生き方が大きく違ってしまいます。

誰だって、皆楽しく心豊かに生きたいじゃないですか。そうであれば、どんな状況に置かれても常に自分を肯定することを、決して忘れてはいけないのです。

自己否定してもしょうがないし、落ち込むことからよい結果は、何も生まれません。

現実に、多くのポジティブな人々が、自分たちを肯定して充実した日々を過ごしている訳ですから、どんな環境でも如何なる状況においても、自分を肯定することを忘れずに生きてみましょう。

悩んで悩んで悩み過ぎて、病気になったという話はいくらでも聞いたことがありますが、「自分を否定してダメな奴だ」と落ち込んで、症状がよくなったという例は、全く耳にしたことがないでしょうから。

「他人とは絶対に比較するな」

人の幸、不幸は、何から生まれるのでしょうか？　人間である以上、誰でも幸せに暮らしたいのは当然のことです。しかし、ある人は自分の一生を幸せと感じ、他の人は「何か納得のいかない人生だったな」と、感じることもあると思います。

この違いはどこから生まれてくるのか、ここで探ってみたいと思います。一つの考え方としてその原因は、「自分を他の人と比較するからではないか？」という仮説に基づいて、考えてみます。

そこで極端な話、そんなことはあり得ませんが、自分一人がこの世の中で暮らしていれば、その人に幸、不幸は存在しないと思います。だってそうですよね、何が幸せで何が不幸なのか比べるモノがないし、判断の基準がない訳ですから。

ざくっと言えば、他より優《まさ》っていれば幸せであり、劣っていると感じれば不幸せになると考えられます。しかし、この「他より」というのが、曲者です。だって、人間には多面性が存在する訳ですから。全ての面で「優っている」ということは、あり得ないからです。

では、どんな面で他人を凌いでいれば、気が済むのでしょうか？　やはり第一群にくるのは、頭脳や金持ちさらには美貌などではないでしょうか。これらが他人よりよい状態にあれば、基本的には人は幸せと感じる筈です。

他方、違う面から考えてみますと、健康であるか病気持ちであるかという観点で、考えることもできると思います。本来は、人生１００年時代において、こちらの方が優先されるべき問題であると思うのですが、男女ともに平均寿命が80歳を超える世の中では、人々はこの点については、余り関心がないように感じられます。

では、第一群の事柄について考えてみますと、比較する対象は誰になるのでしょうか？主な相手は、友人や隣家の人そして仕事関係等々の人々なのでしょうが、一つハッキリ言える事象は、他人と比べてみても、どうしようもないということです。だって、日本国民だけだって、約1億2千6百万人いるのですから、それだけ多くの人達と比較しようというのでしょうか。

そんなことはできる訳がないですし、しようと思うだけでもナンセンスです。他人よりよい思いができるということに、そんなに意味があるのでしょうか？　本当に頭のよい人やマイペースな人々は、他の人がどうであろうと、歯牙にも掛けないのが現実です。「自分は自分、他人は他人」と割り切って考えられれば、多分世の中から争いごとはなくなる筈です。しかし反面、自分が一番可愛いのが人間の性です。この性が何を生みだすか？　そこから生まれるモノは、人間関係にとって一番やっかいな「妬《ねた》み、嫉《そね》み、嫉妬」などです。何故なら、これらの要素は、人の心と神経を狂わすからです。

これらに一時でも取り付かれた人の人生は、言うまでもなく悲惨なそれに一転します。そういう人達の日々の生活は、とても苦しいものになります。決して満足することのない、納得できない毎日を過ごさなければならないからです。頭では、「他人と比べたって何がどうなる訳でもないのだから、全く無意味だ」と、いうことは重々理解しているのですが、気持が許さないのです。何の役にも立たないプライドが、災いをもたらします。その結果、中には犯罪に走る人がいる訳です。要は、ない物ねだりです。いくら欲したところで、はたまた妬んだところで、ない物はないんですから割り切らないとしょうがないんではないでしょうか。さらには、頭を切り替えてその欲を自らのモチベーションアップに繋げていかないと、いけないのではないですか。私欲を、「自分は絶対に頑張る」と、いう励みに変えていくのです。

自分にない物を持っている他人を、羨ましがる気持は誰にもありますし、十分に理解できるのですが、人間は満足心が存在しない状況には、幸せを見出せません。そこにあるのは、きっと不満なり不幸だけです。その事実を皆さんには心底分かって欲しいのです。

横並びを好む日本人にとって、どうしても他を意識しそれを比較したくなるのは、十分に理解できるのですが、一つここは自分自身の幸せのために他人と比べることを止めて、賢く生きてみては如何でしょうか。

「皆で渡れば恐くない」は、確かにその通りなのですが、十人十色で皆それぞれ生き方も考え方も違う訳ですから、自分は自分なりの生き方を貫けばよいのではないですか。くれぐれも、他人と比較することはしないで頂きたいものです。

「拘《こだわ》らない、捕《とら》われない」

この行為は、人が生きていく上で非常に重要なポイントです。何故か？　このことによって、人はその人生を狂わせてしまうかもしれないからです。

人は基本的に、自分にとって都合のよいことが起きた時には、「ああ、ラッキー」と思うくらいで、その事柄にそれほど拘らないし、捕われません。質が悪いのは、自分にとって不都合な出来事が発生した場合です。こういった状況では、人はその問題に拘らざるを得ず、さらにはそれをある程度忘れられるまで、ずっと捕われ続けるからです。

とはいえ、人には二種類の性格があると思われます。一つは楽観的な性格で、「起きたことはすでに結果が出てしまったのだからしょうがない」と、考える性格です。他方は悲観的なそれで、「どうしていつもそうなってしまうんだろうか？」と、いつまでもぐちぐち思い悩む性格です。

人間は誰でもポジティブに、物事をスパッと割り切れればそれがベストな訳ですが、そういう人ばかりではありません。むしろ、その類の人の方が少ないのではないでしょうか？

では、望んだ訳でもないのに生まれ持ったネガティブ思考で、これまたそうなることを願ってもいないのに、どうしても「拘り」を禁じ得ない人々は、一体どうすればよいのでしょうか。幸せな日々を送るためには、この問題を何としても解決しなければなりません。要は、考え方一つそして、心の持ちようであることは明白な事実なのですが、自らの思考で意識して拘るのではなく、自然に心がその方向に動いていってしまう、働いてしまうという現象が起きるので、始末が悪いのです。

現実問題として、この状況を変える具体的かつ効果的な方法は、はたしてあるのでしょうか？　それは、あります。皆さんは、すでに実践されていらっしゃると思いますが、二つほどあると考えます。

先ず一つ目は、他に抱えていて解決しないといけない問題を、意識的に考え始めることです。人間である以上、抱えている課題が一つということは、ない筈です。したがってその中から、それほど気持の負担にならない問題をピックアップして、そのモノへ思考を傾注させるのです。これは実際にやってみると、結構効果があります。取り敢えず、気になってしょうがないことで悩まされる状況から、頭を切り変えるのが可能になります。何故なら、自分ではその呪縛から何とか逃れたいのに、気がつくと再びそのことに取り付かれてしまっているからです。故に相当意識して、他の問題の解決に取り組まなければなりません。そうすれば、多少なりとも拘りから開放されます。

他方、もう一つの方法ですが、「拘っているな、捕われているな」と感じたら、直ぐに何でもよいから、体を動かし始めることです。一般的で一番よいのは、身の回りの掃除、片付けなどのごくかんたんな作業をすることではないでしょうか。ただただ、深呼吸をしながらひたすらに歩き続けるというのも、なかなかよいですよ。要は部屋の片付けなど、今までやり残していたことをひとつ一つ丁寧にやっていけばよいのです。繰り返しますが、何でもいいから、とにかく体を動かしてみることです。こういった一連の動作を行っていく内に、徐々に拘りや捕われから開放されていく筈です。是非一度試みてみてください。

自分では絶対に考えたくもないのに、気がつかない間に頭をもたげてくる邪念、これに悩まされている人は、きっと多いに違いありません。したがって、何気なくそれに拘っているとか捕われていると感じたら、体操や深呼吸そして書類整理などによって、直ぐに思考回路を切り変えてもらってもよいのですが。

直近に起きた、楽しいことに意識を傾注させるだけでも、効果がある筈です。とにかく是非ともやって頂きたいことは、思考を違う方向へ向けて、その考えに関わらないことです。つまり、いくら考えても結論は悪い方へいくのみですし、決してよい解決策は出てこないと言うことです。それだけならまだしも、気持がどんどん落ち込んでいくばかりです。したがって、それでも駄目なら最後は、開き直るしかないと思います。「えーい、どうにでもなれ」です。だって、悩み事にずっと関わって時間を消化するだけの毎日を送っても人生、はたまた割り切って楽しく過ごしても人生、いずれにしろこれから先は、それほど長くない訳ですから。

人生ベストを尽くし、やるだけやって生きていれば、そうそう悪いことばかりはありませんよ。それと同時に、もうこれ以上できないというところまでやって結果が駄目なら、もうしょうがないじゃあないですか。「拘り、捕われ」から解放されるために、生を受けた者には必ず終わりがあるからです。

皆さん如何ですか？　肩の力を抜いて、もっと楽な生き方をしてみませんか。だって人間の一生って、その人の考え方次第でどうにでもなるのですから。そんな中でも、最後が肝心です。つまり、定年後の生き方と第二の青春の過ごし方が、最も大切なんです。したがって、この時期だけは時間を消化するだけの日々を無為に過ごすことなく、有意義な時間を送ることに、徹底的に「拘り、捕われて」みてください。そして、「終わりよければ全てよし」を実践して頂き、「自分の人生は、これでよかったんだ」と、納得できる一生にして欲しいものです。

「嫌なことに向かっていくべし」

人は普通、嫌なことや煩わしい事柄そしてかったるい事象から、逃げようとしますよね。だって、現実にやりたくないんですから、しょうがないでしょう。しかし、その気持の根底には、何があるのでしょうか？　皆さん、考えてみたことはありますか。

それは、多分「面倒臭い」という感情だと思います。人は基本的に、自分にとって「楽なこと、安易な道」を、進んでいきます。あるいは、楽しいこと、興味のあることをやっていこうとします。人生は、楽しく生きなければ意味がない訳ですから、それはそれでよいでしょう。

しかし、ここで一つ考えてみてください。誰でも自分にとってやりたいこと、好都合なことだけを選んでいって、それで死ぬまで暮らし通していけるのでしょうか。冷静に考えてみれば、そんなうまい話はないでしょう。「山あり、谷あり」が、普通なのですから。おそらく楽な道を選択する多くの人々には、その結果がどうなるのか、分かっていないが故に、そのようなチョイスをするのだと思います。ごく稀に、本当にラッキーな人のみが好きなことだけをして、あるいはそれしかしなくても、人生の終焉にたどり着けてしまうようですが。

一般的に、人生は好きなようには生きていけないのですが、何故か？　それにははっきりした理由があります。それを図式化してみますと、次ページの図のようになります。

それでは、この図を具体的に細かく説明してみます。

「Aさん」の場合

彼、彼女は、小学校入学以来基本的にはほぼ一貫して、「楽な道」を選んで、過ごしています。

ここで、一つ説明をしておかないといけないのですが、人間には節目のエポックに常

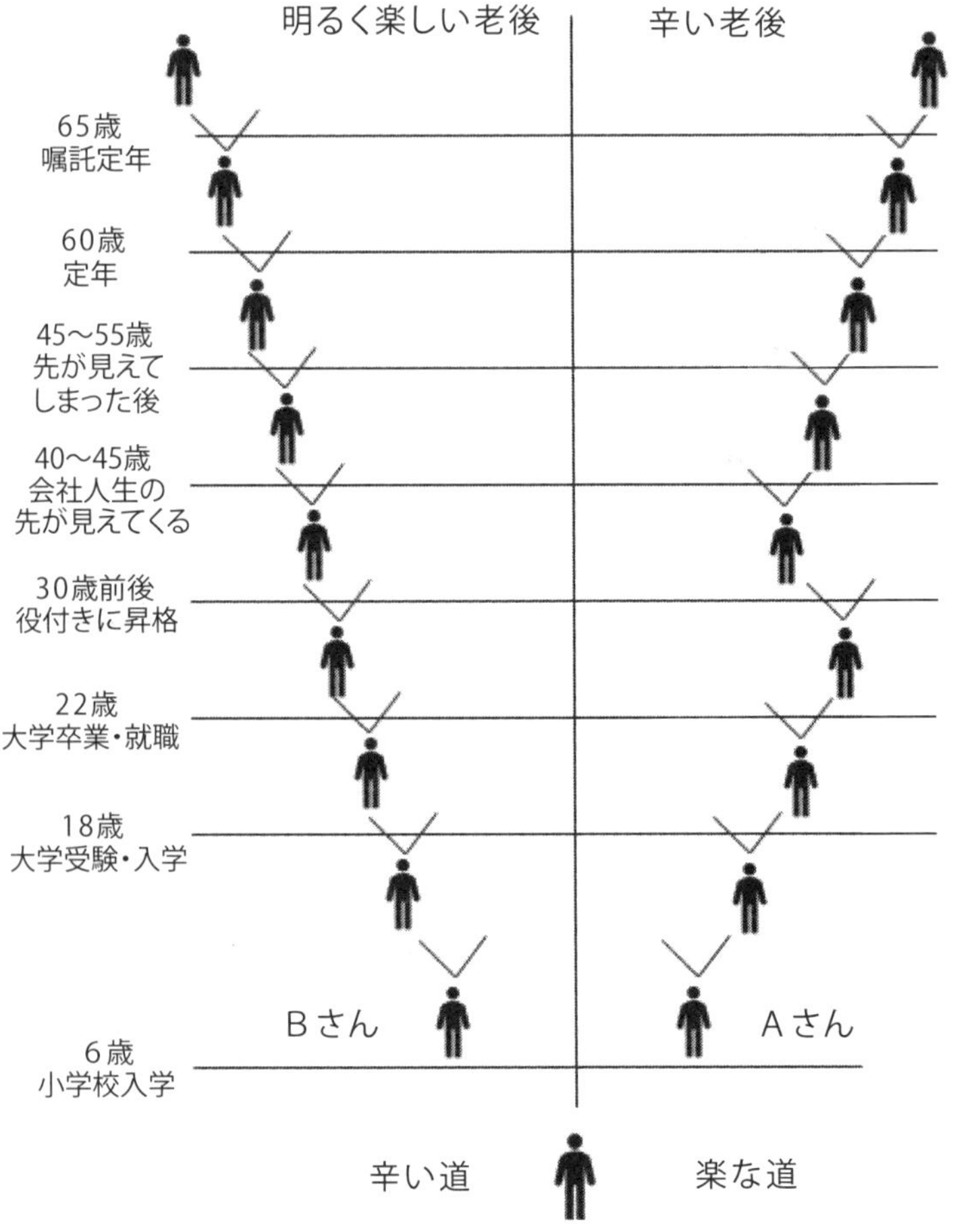

※　右へ行くと「楽な道」
　　左へ行くと「辛い道」

に二者択一の別れ道があります。つまり、「楽な道」を取るか、「辛い道」を選ぶかという、選択をしなければならないということです。勿論このどちらを取るかという選択は、日常生活の中で常にあるといっても、決して過言ではない訳ですが、ここでは自分の一生を左右するようなタイミング、節目としてのターニングポイントで捉えています。

Aさんの生き方は、かなり多くの人に共通する生き方では、ないでしょうか。当然のことながら、人は誰でも楽をして日々楽しく生活していきたい訳ですから。しかし、会社に入るまで安易な日々の選択をしてきたAさんも30歳になって役職も上がり、ちょっと頑張ってみようかなという気になったのです。勿論社内からの期待もあるのですから、流石《さすが》に「ここは一つ頑張らなければ」と、考えたのでしょう。

ここで仕事に取り組む考え方を変え、40～45歳くらいまでひっちゃ気になって毎日の業務に立ち向かったのですが、どうも結果は自分が望んでいたようには出ません。まあ、世の中はそんなに甘くないよといったところでしょうか。

でも、そのまま頑張り続ければよかったのですが、社内で自分に対する評価や自らの立ち位置が分かってしまい、この先いくら一生懸命仕事をやっても、はたまた会社のために身を粉にして働いても、現状以上の出世がないことは誰にでも分かります。それが故に、自分で自分の仕事人生に見切りつけてしまうのです。

そうであるなら、20〜25年の残った会社人生を、明るく楽しくマイペースにやっていこうと考えるのは、あながち無責任な態度とは言えないのではないでしょうか。何故なら、7〜8割の会社人間は、こういうメンタリティーに陥るからです。

では、そうでない、残り2〜3割に属するBさんの場合は、どうでしょうか？　その生き方について、考えてみましょう。

「Bさん」の場合

幼い頃から、上昇志向が強かったBさんは、彼、彼女の人生のほとんどのエポックにおいて、「辛い道、人が嫌がる道」を歩んできました。その時、それぞれの瞬間においては、非常に辛いし大変だと思われます。しかし、それが幼少の頃からの身に付いた習慣ですから、段々年の経過とともにそれほど厳しい環境と、思わないで済んだことも事実です。日々常に大変な道を選ぶという判断を繰り返して、人生何が楽しいんだと思われる方もたくさんいらっしゃると思います。その通りかもしれません。

しかし、考えてみてください。敢えて他人が嫌がる選択をしてきたBさんには、定年という第二の青春を迎える時に、それまでずっと辛い思いをしてきた結果、もはや「明るく楽しい老後」しか、待ち受けてないのです。今や人生100年時代と言われている環境ですから、35~40年は充実した納得のいく人生を過ごせる訳です。なんと、幸せなことではないでしょうか。

さて、これに対して、ほぼ常にと言ってもいいほど、辛く厳しい事象から逃げてきた、それらを避けてきたAさんの老後は、どうなるのでしょうか？　Bさんのようにお金の心配もなく、したがって働く必要もない状況で、好きなことをやって日々生活できるのでしょうか？

もう皆さんもお分かりの如く、そんなことはあり得ません。何故なら、逃げ続けた先には、「辛い老後」しか待っていないからです。淋しいかな40年強働いた上に、さらに生活費を稼ぐために、ほぼ確実に死ぬまで働かないといけなくなるのです。さぞかし、ご本人もガックリきていることでしょうが、端《はた》から見ても何とも気の毒な話です。

とはいえ、Aさんは生活していくためには仕事をしないといけない訳ですから、そんな悠長なことは言っていられません。直ぐに、次の就職先なりアルバイト先を見つけなければならないのです。

しかし、現実を考えてみてください。現状の60ないし65歳定年制で、その年でもなかなか自分が希望するような仕事が見つからないのに、65歳を過ぎて雇ってくれる会社って、あるんですか？　もし、その人がさしたる欲もなく、謙虚な人で、自身のプライドに拘らないが故に、仕事を特に選ばないのならあるかもしれません。でも、大多数のケースにおいては、そんなことはないでしょう。

何故なら、常に楽な道を選んできた人は、そのたびに自身に言い訳をしていたし、皆に見栄を張って生きてきたからです。自己を正統化する虚栄心は人一倍強いし、さらにはどうしようもないことに、何の役にも立たない前述のプライドが滅法強いのです。この手の人のそれを満足させる仕事って、65歳を過ぎてあるんでしょうか？　そういう人を雇用してくれる企業って、本当に存在するんですか？　そういう状況下で、ボランティア的に採用してくれる会社って、いくら捜してもないと思うのですが、皆さんは如何お考えになられますか？　結論は、述べるまでもなく明白でしょう。

したがって、高齢者になってから不本意な苦労をしないで済むように、やはりどんな時でも現実から逃げず、辛く厳しい道を主体的に選んで、歩みたいものです。

日本国民の寿命が伸び、従来よりも遥かに長く生きれる人生100年時代の我が国において、納得できる生き生きとした生活を送るために、日々の暮らしにおいて「嫌なことから逃げる」のは、マジに止めましょうよ。常にポジティブに、将来の自分の納得できる生き様《ざま》のために、辛い道を選択していきましょう。

安易に、楽な方へ楽な方へと歩んでいく生き方は、金輪際断ち切って欲しいものです。

「やりたくないことは優先的にやるべし」

日々生活をしている中で、人には好きな事柄や嫌いなモノがあると思います。あるいは、やるべき事象で自然にできること、やらないといけないのだけれど、どうしてもやりたくないモノなどがある筈です。これらの違いの根底にある要素は、何でしょうか？　ずばり言いますと、それは「面倒くさい」という気持だと思います。例えば、学生に関して言えば、それは勉強です。予習や復習さらには試験勉強などです。会社人間に関しては、雑務や付帯業務などで、勿論ごく少数でしょうが仕事そのものが面倒くさい人もいますが。スポーツについては、練習でしょうか。中でも基礎練習そして反復練習など。主婦においては、掃除や洗濯などではないですか。

しかし皆が皆、そうでしょうか？　そうではないと思うのです。確かに面倒ですけど、

「やる」という人が、最低でも10人中に2人、つまり2割はいるのです。このような行動力によって、人間としての実力の差が生まれてくるのでしょう。

でも、皆さん考えてみてください。人はだれでも自分の好きなことや、自ら進んでやりたい事柄などが、ある筈です。そういう類の事象は、言われなくてもやるでしょう。十人十色ですから、好きな事、嫌いな事柄は人によって違う訳ですが、誰しもおもしろいものは、自然にやるのです。では、「おもしろい」とは、どういうことを意味するのでしょうか？　それは自分にとって、「心地よい」という状態だと思われます。

そうであれば、ある人にとっては面倒くさい事柄を、心地よいものに変えればよい訳です。そうすれば、皆が進んでやるようになるのです。そのためには、どうすればよいのでしょうか？　それには、誰もが嫌で嫌でしょうがない事を、やり終えたあとの充実感や達成感を思い描くのです。

これらは、全て面倒なことを実践したあとに、人が共通して感じるモノです。すっきりして、気持ちいいですよー。この感覚を一度経験すれば、人のメンタリティーはそれを二、三度と求め始める筈です。こうなれば、しめたものです。

面倒くさいたって、ちょっと体を動かすのが面倒だ、少しだけ頭を使うのがかったるい、多少なりとも気を使うのが嫌だなどであって、所詮たいしたことではないでしょう。さらに、他の人達が面倒くさがる事を何気なくする人は、自分の生きる世界が確実に広がる筈です。だって、そうですよね。皆がやらないが故に経験できないプラスの感覚を味わえるし、そういう人は皆に好意を持たれるので、人間関係が多くなる訳ですから。こう考えてみますと、ほんのちょっとその気になるだけで、自分の世界や人間関係を広げられるのですから、随分得な話じゃありませんか。他の8割の人よりもよほど充実した人生を生きられるということな訳ですから。

したがって、あなたの人生を豊かにするために、もし何かをしなければいけない時に、「やりたくない」と思ったら、その時こそチャンスだと思って、絶対にやってみましょう。何故ならその根底にある心は、「面倒くさい」という単純なものなのですから。その怠け癖を許して行動しないのであれば、一生涯何もしない人間になってしまうからです。

これに反し、もしそう思ったとしても、所詮時間はあり余るほどあるのですから、「ひとつ一つ確実にこつこつとやってみよう」と考えて、実際に行動に移してみてください。そうすれば、日々持て余し消化しているだけであるが故に、非常に大きな負担になっている自由な、と言うよりはむしろ扱いかねている時間を、とても有意義なそれに変えられる訳ですから。

逆に、「これはとっても好きだから、何時でもやりたい」、「いくらやっても何時間続けても全然大丈夫」ということは、特に「やろう」と思う必要はありません。だって、気がついたら知らないうちに、自然にそれをやっている筈ですから。

好きなこと、やりたいことにおいては、その道でプロになりたいのなら勿論人一倍努力し、必死になってやらないといけないのでしょうが、そうでないのならそれをやったところで、一時的に気分が晴れるだけで、その感覚なり喜びがずっと続く訳ではありません。

それに対して、自分が「やりたくない」ことは、多分他の人も同じ気持でしょうから、自ら率先して動けばこれはある意味で、小さな社会貢献をしているといっても、過言ではないのです。人は、一生の内どこかの時点で、社会にお世話になっていることへの恩返しをしなければならないのですから、普段の生活の中でそれが実践できれば、最高な訳です。

人間は、日々の生活の中で自然に成長していければ、それに越したことはありませんから、自身の意図的な成長のためにも、「面倒くさい」と思ったことは、絶対に実行するようにしましょう。逆に何かをやりたいと思った時には、特に意識的にやる必要はありません。勿論、命に危険が生じない場合に限ってですよ。したがって、生きていくために必要不可欠な食事や睡眠などは、当然のことながら、この範疇には入りませんが。

何でもそうです。よい成果を残そうとしたら、「やりたくない」と思ったことには、最優先的に取り組まなければならないのです。あなたが定年を迎え、これから第二の青春を幸せに過ごせるかどうかは、その実行力なり行動力に掛かっています。したがって、是非ともこの事実を頭に置いて、積極的に「やる気がしない」ことに、取り組んでみてください。

「70歳の若人、20歳の老人」

最近、偶《たま》にですが定年を迎えた人でありながら、高齢者の生活を存分に楽しんでいる人を見かけます。顔の表情や外面からいって、どうみても70歳前後ではないかと思われるような人が、若い女性を連れて颯爽と歩いているのです。

人生100年時代を迎えて、さらには65歳の定年制（全企業適用は2025年から）になった今、充実した人生を送ろうと考えると、70歳というのはどういう位置付けになるのでしょうか。

通常は、60~65歳くらいで子ども達全員が一端《いっぱし》の社会人になり、自分も好きなことを自由気ままにできるという時期に入ったと言えると思われます。

したがって、「さあ、これからが自分の本当の人生だ」と、意気込む人がいるのではないでしょうか。人は一生の内のどこかの時点で、社会のお役に立つようなことをしなければいけない筈ですが、会社人間でいる間は、仕事を通じて社会貢献ってなかなかできないのではないかという気がします。

勿論、仕事を通して社会に貢献できるのであれば、それは最高の人生だと思います。しかし、それを実践できているのは、昨年、企業人でありながらノーベル化学賞を受賞された吉野彰さんのように、ごく少数の人達ではないでしょうか？　何故なら、会社生活の間は組織という歯車の一駒であることが、大部分だからです。

それらを嫌う、ごく一部の並外れた能力の持ち主が、アントレプレナーとしてベンチャー企業を立ち上げ、直接社会のお役に立つこともあります。しかし、そういう人はほんの一握りであることは、言うまでもありません。

そうであるなら、今まであらゆる面でお世話になった社会、世間に恩返しするのは、やはり定年後ではないでしょうか。つまりおおよそ65～70歳からが第二の青春になる訳です。そうであるべきなのに、それまでに広い人間関係を作り上げてこなかった人達は、往々にして何をしてよいか、分からなくなるのです。

しかし、将来を見据えてそれに向かって着々と準備してきた一部の人々は、「チャンス到来」とばかりに、日々生き生きと活動し始めます。したがって、この類の方々においては、一般のシニアの人達にとって絶対に必要と言われる、前述したような「きょういく」と「きょうよう」なんて、全く関係ないのです。何故なら、スケジュールに追われる毎日を過ごすからです。

こういうごく限られた人々は、翌日を迎えるのがとても待ち遠しく、楽しみでなりません。うきうきとした生活を送り、エネルギーに満ち溢れています。この種の人達は、当然のことながら非常に魅力的であり、自らの仕事については勿論のことながら、社会貢献についても自分は何を成すべきか、十二分に考えています。

したがって、その人の周りには自然に人が寄ってきます。この類の方々は、日々仕事を精力的にこなし、私生活も納得のいく充実したものを送っている筈です。正に、70歳の青春を謳歌しているのです。

とても素晴らしく羨ましいことですが、こういった人々は本当に限られた、ごく一部の人達なのです。

しかし、願わくばこの種の高齢者になりたいと、皆が考えている筈です。でもそのためには、現役の時から十分な定年後の計画を立て、地道にその地ならしなり下準備をしておくのが絶対条件であることは、敢えてここで言うまでもありません。

さてこれに対して、「20歳の老人」が何故できあがってしまうのでしょうか？　今の若人は、言われたことは素直にやるけど、自ら何かを始めようという意欲に欠けるそうです。昔みたいに、「アメリカンドリーム」を描く若人は、かなり少ないと思われます。

前述しましたとおり、ごくわずかの選ばれた若者達だけが、アントレプレナーを目指すくらいです。そのような状況は、いったい何処から生まれてくるのでしょうか？　理由は、いくつかあると思います。「1、さほど辛い思いをして頑張らなくても、何とか生活していける　2、何でも欲すればもらえるので、欲をかく必要がない　3、遊びはコンピューターゲームでずっと過ごしてきたので、友人とあまり競ったことがない　4、贅沢をしなくても、何とか生きていければそれでよい　5、勉強、仕事で頑張るよりも、いつも自分の好きなことをしていたい　6、親を見てて、ああはなりたくない」と、思う等々です。

理由を挙げれば、枚挙に遑《いとま》がありません。要は、さしたる夢も希望もないし、具体的に「ああなりたい」と、いう理想像もないのです。「家では、毎日小言を言われておもしろくもないし、学校へ行けば行ったで先生には邪魔者扱いされて楽しくないし、こんな生活を送っている中で、どう頑張れというのだ」と、いうことなのではないでしょうか？

これでは、無気力な「20歳の老人が」、どんどん生まれてくる筈です。事実、一部の学生は見事なほど無気力ですし、斜に構えているのです。しかし、はたしてそんなことでよいのでしょうか？　人間として生まれてきたことに、感謝はできないのでしょうか？

少しでも、「人として生まれてきてありがたい」という思いがあれば、もうちょっと気力なり意欲があっても、よいのではないですか？　どういう生き方をするかは、その人その人の勝手ではあると考えますが、第二の青春のまっただ中にいる方々は、何とか若人に「ああいった生き方をしてみたい」、「あのような人になってみたい」と、目標にされる人間でありたいものです。

そんな面倒くさい、理屈っぽいことを言うこと自体が、若人に煙ったがられる人間である証拠でしょうか？　しかし彼らにどう思われようと、人の一生で一番素晴らしい時期である筈の第一回目の青春を、皆に存分にエンジョイして欲しいのです。だって、若さは二度と戻ってこないし、決して金では買えないモノなのですから。

さらには、気力も体力も全てが揃い、充実している筈の第一の青春を謳歌できない人は、きっと65～70歳からの第二の青春も無為に過ごしてしまうのではないでしょうか？何のために人間として生まれてきたのか、全く勿体ない話です。

第三章

自分の見方をちょっと変えてみようよ

「誰かの不幸は蜜の味」

人間である以上、自分が一番可愛いことは当然です。したがって、自分の生活なり地位なりがきちんと安定していて初めて、他人の幸せを喜んであげることができるのでは、ないでしょうか。

正直、人様には何か良い事があった時に、それを素直に本人と一緒に「嬉しい、良かったね」と思ってあげられる人は、通常かなり器の大きい人間だと思われます。勿論友人にハピーな出来事があってその報告を聞いた時、皆さんは、「それは素晴らしい、おめでとう」と言ってあげる筈です。

しかし本当のところ、これは年が全然違ったり、当人の環境が全く異なる場合にできることであって、自分が置かれている状況において、同年代の人に良い事が起きた時、心の底から喜んであげられるのでしょうか？　それは、とても大きな疑問です。例えば、会社で自分のライバルが先に昇進していくとします。これを素直に、「おめでとう」と心の底から言ってあげられるのでしょうか？　自分の方が頑張っているのに、あるいは努力しているのに、「何故彼、彼女が先に？」とは、思わないですかね？　もしそう思うのであれば、ある条件下では、人は心底他人の出世を喜んであげられないのではないかという気がするのですが、皆さんは如何感じられますか？「やはり胡麻摺りが上手くなければ、この会社では上へはいけないんだ」等々、考えるのではないでしょうか。

しかし、ほとんどの人がこう感じるのは、何故なのでしょうか？　ドイツ語には、「シャーデンフロイデ」＝「他人の不幸を喜ぶ気持ち」もしくは、「人の不幸を見聞きして生じる喜び」（〝Ｓｃｈａｄｅｎ〟「損害」「害」「不幸」などを意味し、「喜び」を意味する〝Ｆｒｅｕｄｅ〟を合成した言葉）、さしずめ日本の諺で言えば、「人の不幸は蜜の味」に該当すると思われるような言葉があります。これを、人の感情に照らし合わせて考えてみますと、「他人の自分以上の幸福は苦悩の種」と、いうことになるのではないでしょうか？

勿論、他人が置かれた状況がどう変化しようと、自分には何ら関係がないと考える人もいるでしょうが、こういう強いメンタリティーを持っている人物は少ないと思います。日本人は、やはり「人並みに」、「横並びが大切」と、考えるが故です。今の時代では崩れてきましたが、「終身雇用制、年功序列」という制度は、「他と違いが起きると問題が発生してくるので、定年まで雇うけど、昇進や昇格も一緒だよ」と、いうことではないかと思うのです。

ではここで、人々は「人並み」を何故好むのかを、考えてみたいと思います。人間である以上、誰でもよい生活をしたいと考えるのは当然のことです。「よい生活」とは、欲しい物を欲しい時に買えるし、やりたいことを望む時にできる状態を言います。

もし、自分の家はつつましく暮らしているにも拘らず、隣の家が派手な生活をしているとしたら、人はどう感じるでしょうか？　少なくとも、いい気はしないと思います。何故なら、自分たちは欲求を懸命に抑制しているのに、隣家は好き放題やっている。こういう場合、可能であるなら我が家もそうしてみたいと考えるのが、自然な現象であろうからです。つまり、人間関係で争い事があるとすれば、それはほとんど欲と欲のぶつかり合いが原因です。この「欲」というのが、問題です。何故これが、常に揉め事の原因になるのでしょうか？

このことは、「マズローの欲求段階説」（下図参照）を理解すれば、直ぐに分かることです。それは、どういう内容か？

下図ように、人間は生きていく過程で、全てのステージにおいて欲求がある訳です。ですが、ここで言っている欲求というのは、主に③、④、⑤のことです。

③社会的な欲求＝所属と愛の欲求
④承認の欲求＝尊敬、自尊の欲求
⑤自己実現の欲求

ここで問題にするのは、④です。つまり、これは社会あるいは周辺からの「自己に対する高い評価」。名声であり栄光の獲得ですが、それは「劣等感、性格的な弱さ」が、裏側につきまとうのです。逆に言うと、私見ではありますが、「劣等感、人間的な弱さ」がある人ほど、「承認欲求」が強いということでは、ないでしょうか？

したがって、自分はこの「承認欲求」が満たされないのに、誰かがそれを実現していると、そういう人達に「何か不幸な出来事があればいいな」と、思い始める可能性が大です。この状況は、現象が「シャーデンフロイデ＝人の不幸は蜜の味」であり、「ジェラシー」に繋がると考える次第です。

この手の感情を抱くのは、人間である以上やむを得ないですし、ある面では向上心に繋がるのですから、決して悪いことではないと思うのですが、それも程度次第です。度が過ぎると、自分自身を苦しめるからです。この心情は、当人にとっては本当に苦しいものです。

故に、「誰かの不幸は蜜の味」と人が感じることは確かですが、「蜜の味」を味わいたいと思えば思うほど、他人の生活に拘っていて、不自由さを感じるだけでなく、自分の自由奔放な生き方ができなくなるのです。したがって、自身の安寧な生き方のためには、向上心を満たしてくれる程度の欲をかくのが、よいのではないでしょうか。

人を羨んでも、自分がその対象が成した努力に匹敵するだけの精進をしなければ何にもならないし、ただ自身の神経をすり減らすだけです。自らの欲求のために、わざわざ辛い人生に飛び込んで、自滅することはないと思います。

「一人だっていいんじゃない」

人間はよく十人十色と言われますが、本当に見事なほどに人それぞれによって、考え方が違っています。大きく捉えれば、いろいろな考えの人達が集まっているから、世の中が成長していくとも言えるのでしょうが。

しかし反面、考え方は違っても「相性」というものがあって、それが合うから仲がよいという関係もあります。誰にでも、何となく相性がよいという相手は、最低でも一人はいるのではないでしょうか?

ここで一つ考えてみたいのですが、友人や仲間などは、多い方がよいのでしょうか? それとも、別に少なくてもあるいは極端な話、いなくても構わないのでしょうか?

人は一人では生きていけない生き物ですから、仲間が多い方がベターなのは確かでしょう。しかし、友人がいないからといって、悲しむこともないような気がするのですが、如何でしょうか？

人が生きていく上で主に悩み苦しむのは、人間関係の問題が多いと思いますし、反面人をそれらから救ってくれるのも、また人間関係が存在するからだと思います。それが常に円滑に保たれていればよいのですが、ちょっとしたきっかけで、壊れてしまうこともあります。

そして、いったん関係がぎくしゃくし出すと、それは手におえなくなります。ただただ煩わしいモノになるのです。それを修復するために費やすエネルギーは、大変な負担になります。自分の方に非があるのであれば、素直に謝るべきだと思うのですが、相手に非がある場合でも自分が気を使い、神経を擦り減らさないとならない場合もあります。先方のレベルが低いと自分が悪いにも拘らず、平気で不貞腐れるからです。

こうなると、友人関係はそれまでの仲がよければよいほど、悲惨なモノになってきます。相手が悪いのに、その非を認めることなく、したがって謝罪さえしてこないのですから、こちらも安易に折れる気にはなりません。

その内に、時間が解決してくれるだろうと淡い期待を持つ訳ですが、両者の関係はそんな甘いモノではありません。何故なら、前述のように非を非として認めず、逆に不貞り返る人間が結構いるからです。自分が悪いのにそのことに気づかず、反省もしない。本当に始末の悪い人間って、そこそこの確率でいるもんです。

特に高齢になって性格が一層頑固になると、さらに始末が悪くなります。人が一人では生きられない以上、何げない話やたわいもない話題を語り合う相手がいないとしたら、それは明らかに淋しいと思われますが、どうもそれも人それぞれなようです。何故か？「一人でいる方が気を使わないでいいし、気儘に行動できさらには、束縛されないで済むから楽なので」と、いう人もいるからです。

そうであれば、自分の友人はやはりＩＱはともかく、ＥＱは高い人を選びたいという気がします。今の社会では、ＩＱよりもむしろ自分で自分を練磨することができる、ＥＱの方が重要視されるようになってきていると言われています。

レベルの高い人であればあるほど、自分に相応しいEQを兼ね備えている人と、どのくらいの確率で会えるものなのでしょうか？　一つ言える事は、絶対に気兼ねしながらは付き合いたくないということです。

他方、別に特に仲のよい友人がいなくても、構わないという人がいることも事実です。普段の行動も、基本的に一人でできることばかりですし、何かを誰かと一緒にしたいとも思わない、また旅行なども一人でぶらっと行ったほうが、楽でよいという人がいるからです。

反対に何をするにも、群れたがる人もいる訳でして、自分だけでは何にもできないしする気もしない、誰かと一緒でないとおもしろくも何ともないと、いう輩がいるのもこれまた真実です。

したがって、概念的に「友達はいないといけない、人は一人ではいけないんだ。それは、余りに淋しいことだ」と、考える必要もないのではないでしょうか。

年を取れば取るほど、一人身がしんどくなってくるのかもしれませんが、それも考え方一つではないかとも思われます。「きょういく」と「きょうよう」を常に、自分で見つけ出すようにアクティブに行動し、建設的に充実した日々を過ごしていこうという考え方を持てるようになれば、決して気を使って他と群れる必要もないかなという気がします。

自分の人生は、所詮自分自身で面倒をみるしかないと感じます。「淋しい、誰かと話したい」と思った時に、その種の相手がいないとなると、確かに問題かもしれませんが、そんな時にはそれを紛らわしてくれる書物もあるし、テレビをつければ見るに値するニュースやドラマなどもあるのではないでしょうか。少なくとも、「自分はほとんど友人がいないので、自身の人生は失敗だった」とは、考える必要はないかと思います。

何故なら、いくら友達がいる、大勢いるといっても、お互いに本音を語り合えなければ意味がないからです。表面的な付き合いしかできない友人が多くても、それには何の価値もないと思います。

例え一生懸命生きてきた人でも、「親友は0人で当たり前、一人いればそれでラッキー、万一、二人でもいようものなら、超ラッキー」だそうです。そんな事実を鑑みますと、基本的には自分で一人で何かをし、それを楽しめる神経なり精神力を持つことが、一番大切なのではないかと思う次第です。

参考として、ショーペンハウアー（ドイツの哲学者／1788〜1860）の名言を二つ記しておきます。

「孤独は優れた精神の持ち主の運命である」

「孤独を愛さない人間は、自由を愛さない人間に他ならない。なぜなら、孤独でいるときにのみ人間は自由なのだから」

「生活には変化が欲しいですよね」

人は誰でも、いくつになってもそうだと思うのですが、日々の生活に多少なりとも変化を求めたがるものです。確かに毎日が、「今日の生活は昨日の繰り返しであれば一番無難」なのかもしれませんが、やはりそれだけではつまらないし、どんどん老けていくことでしょう。認知症への道を、ひたすらに歩むことになるのではないでしょうか？

ただ、変化自体はそんなに大きなものでなくてもよいのです。毎日の暮らしに若干の違いがあれば、それで納得できる筈です。だって、元々それほど劇的な変化を望んでいる訳ではないのですから。ましてや日々ほとんど家にいる身としては、それを望むのは贅沢というものです。

特に定年を迎え、毎日が同じ生活の繰り返しになるのであれば、正直言ってこの状況は非常にきついと思われます。何故なら、時間の経過の中で生きているという実感が、なかなか持てなくなるからです。

人間であれば誰しも、毎日時間をただ消化しているが如き生き方はしたくない筈です。息をしているだけのような生活などは、誰も望まないと思います。「今日は、楽しかった。とても満足」と言える、生き甲斐や気持の変化を欲するのではないでしょうか。

日々が、朝から晩まで、いや寝る前まで同じことの繰り返しでは、流石《さすが》にとても辛いのではないかと感じます。つまり具体的に言いますと、

7：00　起床
8：00　朝食
9：00　ジムあるいは散歩
12：00　昼食
13：00　散歩あるいは読書
15：00　図書館にて読書あるいは買物

17：30　飲酒
18：30　夕食その後テレビ
21：00　風呂
22：00　就寝

これが仕事を持たない、一般的な高齢者の一日の代表的な生活パターンのようです？

この流れの繰り返しで、「今日一日充実していた」と、感じられる人はよいでしょうが、これが週の内一日か二日ならなんとかなると思うのですが、週七日、次の週も同じパターンで、一ヶ月がほとんどどこういう生活であったら、如何なものでしょうか？

「そんなこと言ったって、他にやることがないんだからしょうがないじゃないか」と仰っしゃる方が大部分だと思いますし、確かにその通りです。中には勿論週に一回、友人達と集まっての飲み会が入る場合もあるでしょうし、区民館、市民館で趣味の集まりがあることでしょう。

しかし、それらも最初のうちは新鮮でおもしろいでしょうが、そう遠くはない内にそれもルーティン化し、マンネリになってくる筈です。そんな状況で本当に、「今日という日は、とても充実した一日だった」と、言えるのでしょうか?

心底一日が充実していたという感覚を、偶《たま》には持ってみたいものです。「今日は存分に生ききった」と、いう満足感が欲しいのです。

現役の時は、人によって多少の差はあっても、皆忙しく仕事に追われていたと思います。また、そうでないと困りますし。したがって休日ぐらいは多少なりとも暇な時間や、自由になる時間を欲しいと思ったでしょうが、今やそれが毎日のこととなり、「サンデー毎日」は、流石《さすが》にしんどいですよね。

人は、他人から必要とされる、人に頼りにされるなど、他の人との関わり合いがある場合に、生き甲斐を感じるものです。それがなく、ただ毎日同じことを繰り返して、時間を消化しようとしているのであれば、「自分は何のために生きているのか?」と、いう素朴な疑問を禁じ得ない筈です。はたまた自分は、社会のお役に立てているのかなどを考え込んでしまい、自らの存在価値を全く見出せないというような、非常に淋しい状況に追い込まれるのは当然な話です。

この種の問題意識を持ち始めると、人はとても辛いのです。考えれば考えるほど、どんどん落ち込んで、そこからなかなか浮上できません。こういった心理状態に追い込まれると、中には「自分はこの世の中に必要ない人間じゃないか？　生きていても死んじゃっても一緒なのではないか？」と、いうようなことを考える人もいるようです。

したがって、そんな大それたことでなくてもよい、例えば一日に1、2本友人から何気ない電話が掛かってくるだけで嬉しいのです。何となく元気が出てきます。ましてや、それにプラスしてメールが2、3本でもくれば、もう元気ハツラツ、やる気満々になります。

要は毎日の暮らしに、多少なりとも刺激や意外性が欲しいのです。特に日々の生活において、同じことしか待ち受けていない状況であれば、それらの要素はとても大切であり、必要不可欠なモノになる筈です。

それにより、自らの存在意義なり価値を確認することができる訳ですから。

「人は背負いきれない試練は与えられない」

皆さん、如何でしょうか？　毎日楽しい生活を送っていますか？　明日が来るのが、楽しみでしょうがないって言える日々を生きれるのは、何歳くらいまででしょうか？　勿論、人によってさまざまであり違いはあるでしょうが、少なくとも定年を迎えた高齢者には、そのような日々は余り訪れてこないのでは、ないかという気がします。

何故喜ばしいことが、年齢とともに減っていくのでしょうか？　いろいろな経験をして、すでにその喜びを味わってしまったが故に、それが当たり前のことになっているからでしょうか。そうであれば、それはちょっと淋しいですね。何時までも、小さな出来事にでも感激できる人間でいたいものです。だってことの大小に拘らず、日々の喜びの積み重ねが、人生の生き甲斐に繋がる訳ですから。

反対に、特にシニア世代になると辛く苦しいことは、何故か多くなりますね。感謝することが少なくなるからでしょうか。あるいは、自分が背負う負担が大きくなるからですかね。つまり、必死になって働いても働いても、生活が楽にならない。家族を持っていれば、30~40歳代で家を購入した方がよいでしょうし、子供は50歳代前半くらいで大学に行き始め、その学費も当然のことながら結構大きな負担になってくるでしょう。

しかし、そういった事象に伴って収入がそれなりに上がっていくかといえば、そんなケースはかなりレアーです。結局削られるモノは、自分の小遣いと、食費、衣服代ぐらいではないでしょうか?

では、人は何を楽しみに毎日、特に会社人間の中盤から後半にかけて、生きていけばよいのでしょうか? 仕事帰りの居酒屋で引っ掛ける一杯の酒でしょうか? あるいは、休日に過ごす趣味の時間でしょうか?

何はともあれ、長い人生ですから辛いこともあれば楽しい出来事もあるのが当然で、それらを上手く調和して生きていく必要があるのです。それによって明日への活力を甦らせて、翌日から再度頑張ることが求められるのだと思われます。

しかし、悲しいかな人間は、自分にとって嬉しいあるいは楽しいこと、好都合な出来事などは、その時点ではとても大きな喜びとなり感激するのですが、その事柄に感謝するということをしないために、直ぐに忘れてしまいます。したがって、自分にだけどうしてこんなによいことばかり続くのだろうとは、決して思いません。

反対に、デメリットな事柄に関しては大小含めて、どうして自分にはこんな不幸な事件ばかり起きるのだろうと悲しがり、そのことにいつまでも拘るのです。喜ぶのと同じように直ぐに忘れてしまえばよいものを、こちらはそうはいかないようです。人は、「悲劇の主人公」になるのが得意ですから。

確かに、その不都合な出来事が、「ちょっとツイてないかな」程度の規模ならよいのですが、年を経るとともに、仕事においても私生活においても、段々それは大きな存在になってきます。若い時よりも、背負う責任が重くなってくるのですから、それは当然のことでしょう。

仕事で、何か取り返しのつかないミスを犯してしまった、さらには会社に大損害を与えてしまい、自分の将来はもうなくなるだろう等々です。あるいは、私生活において家族が何か事件を起こしてしまった、自分が家庭を顧みなかったために、家の中がバラバラになってしまったなど、不幸な出来事は日常茶飯事の如く、いくらでも起きてきます。中には、リカバリーショットが打てないと思えるくらい、ダメージの大きなモノもある筈です。

そんな時に、必ず一つ考えて欲しいあるいは思い出して頂きたいことは、表題の言葉（131ページ）です。自分はもう再起不能だと悲嘆に暮れることは、誰にでもあると思うのですが、それは自らのやる気や熱意そして努力などによって、必ずや乗り越えられるのです。

他方、絶対に考慮に入れないといけないのは、どんな状況でそのことが起こったにしろ、最終的に責任は必ずと言ってよいほど自分にあるということです。99％他人のせいかもしれませんが、1％は自分が負うべき責任であり、それが事件の結末を招いたのです。誰のせいでもありません。したがって、全ての人がこの事実を認識しなければならないのです。自分自身に責任がある訳ですから、当然自ら解決しなければなりません。

この際にも必ず考えて欲しいことは、自らの価値や実力さらには器量などについてです。つまり、その起きた災いがいくら大きな出来事だとしても、人間に「自らが背負えない試練は与えられない」という言葉を知っていて、それを信じてあらゆる手を尽くして、降りかかった火の粉を払おうとすれば、それを必ず克服できる筈です。

万が一、もしその試練に対応できないとすれば、自分の人間としての実力や価値は、その程度だったということです。例えば、事業を立ち上げて上手くいかず、1千万円の損を出した。このようなことは、日常茶飯事に起きている事象だと思います。しかし、それがベストを尽くした結果ですから、それでしょうがないでしょうが、問題はそこからどう這い上がっていくかということです。自らの器がその苦難を凌げるモノであれば、そして実力が備わっているのであれば、悔しいと思うなら思うほどそれを凌駕できる筈です。

逆に、それが不可能なのであれば、「あなた」という人物の価値は、残念ながら1千万円もなかったということです。それをカバーできないのであれば、それだけの器量しか持ち合わせていなかったということで、自分を知らず分不相応なチャレンジをしただけのことです。自分が自分の器を認識していないのであれば、それは自業自得の成せる技であって、仕方がないのではないでしょうか。

したがって、つまらない些細なモノ、あるいは取り返しがつかないような出来事のどちらに遭遇したとしても、決してそのことに捕われて落ち込まず、自分の人間としての価値はもっと大きいという信念を持ってことに対応し、それを乗り越えていって欲しいと思います。

「何ゆえにいつも自分だけ貧乏くじを引くんだ」などと絶対に思わず、「自分に背負いきれない試練は与えられないんだ」と信じて、むしろそのピンチを自らのモチベーションを鼓舞するチャンスをもらったんだと、力に変えて欲しいものです。人間に起きる事象は、全てが「必要、必然、最善」だそうですから。

「ボランティアをしてみない？」

年を取ると若い時以上に、他人に頼られたくなるのではないでしょうか？　何故なら、年々喜べることが減ってくるからです。したがって、ちょっとでも誰かに何かを訊かれるだけでも、嬉しくなるのです。

そうであるなら、シニアになればなるほど時間はある訳ですから、明らかに他人様のお役に立てる、そして結果感謝されるボランティアをやってみては、如何でしょうか。

これからは、その最大のチャンスが来ますよね。それは、残念ながら延期になってしまいましたが、２０２１年に開催予定の東京オリンピックです。

自分は、外国語が話せないからそれは無理という人もいるかもしれませんが、そうであれば来年日本国中にいらっしゃるであろう外国人にちょっとでもよいから、何気なくジェスチャーでアプローチしてみればいいではないですか。

一昨年八月に、山口県周防大島町で行方不明になった2才の男の子を発見して、一躍時の人となられたあの「スーパーボランティア」の尾畠春夫さんのように、大それたことをする必要はないと思います。わざわざ災害地区に行って、困っている方々のお役に立たないといけないと考えなくてもよいのです。

そうであれば、身の回りに楽にできるボランティア活動は、いっぱいあると思われます。ご近所の掃除をするのもよいでしょうし、小学校児童の登下校の見守りでも、考え出せばいろいろとある筈です。そうでなくても、苦労せずにもっとかんたんに捜し出せる方法もあります。それは、パソコンでインターネットを開き、その検索欄に「ボランティア募集」と打ち込めば、いくらでもあなたを必要としているボランティア活動ができます。どんなパソコン音痴なシニアの方であっても、何ら問題なくできますので、ここは一つ思い切って、自分自身のためにアクションを起こしてみては如何でしょうか。

さて、ここで一つ是非とも考えて頂きたいのは、人間は人として生まれてきた以上、一生の内のどこかの時点で、「それまで自分を育ててくれた社会に恩返しをしなければいけない」と、いうことです。これもまた、そんなに大層なものでなくてよいのです。その程度のことなら、自分は毎日仕事を通して社会貢献していたという方がいらっしゃると思います。でも真摯に考えてみると、本当にそうでしょうか。企業の歯車の一つの駒として、あるいは組織の一員としてなら、たしかに社会の助けになることをしていたのかもしれませんが、それはあくまで社会での生産活動に参加していたということではないでしょうか。さらには、そのことによって報酬も得ていた訳です。

そうではなくて、あなたの行動そのものが直接的にその助けを求めている人の、役に立つようにして欲しいのです。勿論それも無報酬でですよ。あなたがそこにいてくれるだけで、本当に救いになるんだというふうになって欲しいと感じるのです。

「せっかく一人で、自分の好きなことをできる環境を手に入れたのに、何故そんなことをしなければいけないんだ、自分の身は皆自分で守ればよいではないか」。確かに、そう言われればその通りかもしれません。しかし、それはあくまで強者の論理です。

誰だって、ある時予期せぬ苦境に陥るものです。そうなった時に、もしあなたがそれまで人様のために何もしてなければ、いやむしろ迷惑ばかり掛けていたような存在であるなら、他人はあなたがいくら困ることになったとしても、面倒をみようとはしてくれないでしょう。

したがって、高齢になればなるほど人様のお世話になる可能性は増えてくる訳ですから、できる時にそして体が動く間に、ボランティアをして他人様の助けになってあげる必要性が、あるのではないでしょうか。一見人のためにやっているように見えますが、決してそんなことはありません。あくまで、それはあなた自身のためです。

自分のためだけにする物事であれば、楽しい趣味も沢山あるでしょうし、それをやることで自身が喜べるなら、それに越したことはありません。というよりむしろ、その類の要素を求める人にとっては、それ以上に素晴らしいモノはないのでしょう。

しかしです。ちょっと冷静になって考えてみてください。自分一人だけの喜びを求めるために何かをすることって、それほど楽しくはないと思うのですが、皆さんは如何ですか？　本当に人が満足し納得できることって、自分が誰かに何かをして差し上げて、他の人に心から喜んで頂く現象だと思います。

何故なら、それは取りも直さず世の中に貢献するということであり、したがって他人から感謝される状況を生み出すという事象に繋がるからです。

そういった自らの行動によって、人様の笑顔を見られることのほうが余程楽しいのではないでしょうか？　理由はかんたんで、それによって自分にも他人にも幸せを呼び込むことができるからです。

皆で一緒に喜び合うことに価値があるのであり、そのほうがはるかに楽しく嬉しいのではないですかね。

大人が子供を可愛いと思うのは、自分が彼らに何かをしてあげると、直ぐに素直に喜んでくれるということもあるのではないでしょうか？　そうであれば、やはり自分一人で楽しい思いをするよりは、他の人の役に立つことをして一緒に喜ぶことの方が、より大切なのだと感じます。

したがって、皆さんには是非ともボランティアを通じて人様のお役に立ち、喜んでもらえることをして欲しいと切に願います。自分だけの趣味に走るのも結構ですが、真に自分を大事にしたいさらには大切にしたいと考えるのであれば、先ずは何らかの事情によって困った状況に置かれている人々を助けて差し上げては、如何でしょうか。

定年を迎え、大部分の方々が特にやることがないが故に「ワシも族」になり、無為な時間を過ごす可能性が、かなり高いのではないかと思います。そうであれば、まずは自分自身のために、次に社会のためになることを実践し、自らが納得できる充実した日々を送って欲しいものです。

「見返りを求めるのはナンセンス」

人間という存在は、多かれ少なかれ、他人様に何らかの期待をするものです。特に日頃の楽しみが少なくなった高齢者においては、その期待感はかなり大きなものがあるのではないでしょうか。

人様との関係は、基本的にギブアンドテイクで成り立っているように思われます。何かをして差し上げれば、その御礼が返ってきたり、お返しがあるというのが、一般的ではないでしょうか。この関係が上手くいっていれば、良好な人間関係を保ち得るのです。

しかしながら、日本人はどうも金持ちになればなるほど、お返しをしたがらない人がいるように感じられます。もらうものはもらい、何故かそれに対する返礼がないのです。

それは、別に高価なモノでなくて構いません。気持ばかりの品物でのお返し、あるいは感謝を込めた言葉のお返しなど、相手が自分にしてくれたことに対して、それに見合う返礼をするのは、当然のことな筈です。

これに対して、特にプレゼントをするのが一般的な習慣である欧米人は、必ずといってよいほど、きちんとお返しをします。何兆、何千億円の資産を持っている大金持ちの人達は、その一部をボランティア団体に寄付したり、あるいは自ら財団を設立して、金銭的に困っている人々をサポートしています。

これらはいわゆるボランティアの一環ですから、多額な献金をしつつも、当然のことながら、その見返りは求めないですし、勿論期待したりもしません。すべからく、全ての人達がこうありたいものです。自分の気持や心がそう動いたから、それに従ったまで。このような爽やかさや潔さが、必要なのではないでしょうか。

この考え方を実践できる人々は、とても心豊かで幸せな方々だと思います。自らの意思でやりたいことをやっただけ、したがってそれに対する見返りなんて、何故必要なんだと考える訳です。

でも、現実はそう格好よくはいきません。かなり多くの人達が、あれだけのことをやってあげたんだから、それ相応のお返しがあってしかるべきではないかと、善いか悪いかは別にして、どうしてもそう考えてしまいがちです。いや、考えるというよりも、自然に感情がそれを期待してしまうのでしょう。

理屈で考えて、そうあるべきではないかと思うのであれば、その考え方を変えることもできますが、心が先にそれを求めてしまうのならば、正直禁じようがありません。人の感情というのは、そうかんたんに修まるものではないからです。故に、そう感じてしまったものはしょうがない訳ですが、意に反してその期待に対する反応がなく、あるいはそのレベルが違うと捉えて傷つくのは、相手ではなく自分自身です。

そういった状況の中で、一番こっぴどい目にあうのは、金の貸し借りでしょう。何故なら人間の欲求の中で、最も強いのは金銭欲だと言っても過言ではないからです。でも、冷静に考えてみれば、それは当然ですね。「地獄の沙汰も金次第」なんて言われるくらいですから。そりゃあ、誰だってお金は欲しいですよね。病気だって普通なら治らないものでも良薬を求めて金を積めば、ひょっとして治るかもしれないし、ある面人はお金を儲けるために、働いているとも言える訳ですから。極端に言えば、「幸せ」だって、金で買えるかもしれないのですから。

それだけの意味をお金は持つのですから、友人同士の金銭の貸借はいけません。というよりももっと強く、絶対と言ってよいほどにいけません。もし、それでも相手が困っているので、助けるために貸してあげたいというのであれば、それはもう差し上げたものと考えなくてはいけないのです。返ってこなくても当然と考えられないのであれば、そうはすべきではないし、逆に自ら何らかの意図があってそうしたのであれば、もはや返ってこないと考えるのがよいでしょう。

その考え方を持っていないのであれば、100％と言ってよいくらい人間関係が崩れる上に、相手を恨み始めます。でも、こんなナンセンスなことはないでしょう。そうならないためにも、いくら相手から懇願されその上万が一罵られたとしても、そこでは絶対に動揺し妥協してはいけないのです。

このように考えてきますと、人は相手のために何かをしてあげても、決してその見返りを期待してはいけないということです。それも何を勘違いしたのか、過度にそれを求めるなんていうことは、とんでもない間違いです。

他人様に尽くすことは、とても素晴らしいことですから、積極的にそうして欲しいとは思いますが、それはあくまで無償の提供でなければなりません。なかなか人に頼られることがない高齢者は、偶《たま》に人に何か頼まれると嬉しくなってそれをしてあげることが多いようです。普段、他人に当てにされるなんてことは、滅多にない訳ですから、それによって喜ぶのは当然です。

そういったシニアの淋しさ、他人に頼られたいさらには偶には役に立ちたいという善意に付け込みそれを利用するのが、結構な頻度で繰り返しニュースになる「オレオレ詐欺」でしょう。

高齢者になればなるほど、つまり年を取るほど世の中の動きに疎くなって行動範囲も狭くなります。それ故、人間関係が希薄になって、付き合いが少なくなっていく人々においては、それはやむを得ない自然な現象だと思われます。したがって、淋しいのは重々理解しますが分相応の行動を心掛けて、自分の行為への見返りがなくても、当然と思えるような考え方をすべきではないでしょうか。

年を取るとともに、見返りを求めたがるのも分からないではないのですが、自らの存在価値を確認するためにしたことに対して、過度な期待をするのは決して懸命なことではないと思う次第です。

「気を使って悩んでも事実は変わりませんよ」

人間の性格は、種々さまざまです。おっとりとした性格、神経質で細かいことを気にする、我関せずで自分に被害がない限り人のことはどうでもよい、大勢に影響がない限りは、一切関知しない等々。

誰でもできれば、日々おおらかにそしてにこやかに、生きたいと思っているのではないでしょうか。やはり、楽しい毎日を送りたいというのが、人間の自然な感情だと思います。そのように生きていける性格を持って生まれた人は、本当にラッキーだと思うのです。だって、生まれ持った性格って選べる訳ではないですし、そうかんたんに変えられる筈もないのですから。

些細なことを気にしないという性格に生まれた人は、多分人生が楽しくて楽しくて、しょうがないのではないでしょうか。そのように想像するのですが、人間というのはそれほど単純にはでき上がっていないようです。その種の人々は、普段余り気を使うことがないが故に、毎日が平凡過ぎて、偶《たま》には何か刺激があるようなことが起きればよいと感じるようです。日々大過なく過ごせれば最高だと思うのですが、あに図らんやそうでもないみたいです。

逆に小心者で、常時戦々兢兢《きょうきょう》としている人も結構多くいるようです。こういう人は、10人集まれば、2~3人はいると思われます。いわゆるネガティブ思考の人達です。この手の人々に何かが起きると、「やっぱり」という考え方をします。そういう状況が発生して当然と、思ってしまうのです。しかしそうかといって、自分が何か悪いことしたのかと考えてみれば、決してそんなことはないのです。何故か偶然に、自分にとって不都合なことが起きてしまいます。

世の中ではよく言われています、「自分がその善し悪しに拘らず、強く願うあるいは恐れていることが、本当になってしまう」と。そうであれば、常に自分にとって好都合なことを考えていればよいと思うのですが、根暗な人はそういうふうには考えられません。悲観主義者に何かが起きると、瞬時に脳が回転して悪い結果だけが、頭に浮かんでしまうのです。これはなかなか辛いものです。

逆にポジティブ思考の人に、何か問題が起きたとしても決してマイナスには考えず、常に「まあ何とかなるよ」と考えます。そして何故か、現実に何とかなってしまうのです。如何にも羨ましい限りですが、しかしこの違いは何処から来るのでしょうか？　マイナス思考の人にとっては、余りにも不公平ではないかと感じられるのです。できればいくら後向きの人だって、それほど悩まないで済むように、手っ取り早く結論を導き出したいと考えるからです。

でも残念ながら、それができない、どう明るく前向きに捉ようとしても、ふっと気がつくとどんどんどん悪い方へ考えてしまっている。理屈ではあるいは理性ではどうにもならない、思考回路が働いてしまうのです。そこで悲しいかな、言動も消極的になり、見るからに根暗な印象を与えてしまいます。こうなれば、他人が自分をそう見ていると常に自身でも思い込んでしまいますし、それが故に、当然のことながら行動もどんどん目立たないようにしようというふうになっていきます。

これでは、人生何年生きたって、いくら長生きしたって、楽しい訳がありません。否、負の生き方をして、常に人間関係においてストレスを抱えているのですから、どちらかと言うと長生きはできないでしょうが。持って生まれた性格で、これほど人生が違ってしまうのは、この種の人々にとっては如何にも不公平としか言いようがありません。「絶対」と言っていいほど、納得できない事象なのです。

では、否定的な考え方をしてしまう人に、幸せは訪れてこないのでしょうか？　それは、余りに受け入れがたいことです。誰も好きこのんで、そんな性格に生まれたのではない訳ですから。その種の人々にも何かポジティブになれる方法はないのか？　皆必死になって模索している筈です。本当にないのでしょうか？

人間は皆平等であると、言われています。そうであれば、ネガティブ思考の人達にも、幸せになる権利はある筈です。常時とは言わないまでも、偶《たま》にはそれを享受してみたいと皆が思っています。でも結果が恐くて、その権利を行使できないのです。何故かと言えば、自分の頭の中では、それをする以前にすでに悪い結論が出ている訳ですから。さらには、多少なりともよい結論に結びつかないかと思い、もっと深く考えてしまう結果、最悪の状況が想定されてしまうのです。こうなったら、もういけません。人生真っ暗で、何もする気が起きなくなるのです。

しかし、そういう人達に是非とも気付いて欲しいことが一つあります。これを実践してくれれば、悲観主義者も幸せになれるという方法です。それは、何か？　考え悩むことによって、事実が変わるのかという現実を理解することです。つまり、自分では悩まないといけないと思い、一生懸命考えた結果、当然のことながら悪い結果に行き着く訳ですが、果たして自分がとことん悩むことによって、事実は何かが変化するのでしょうか？　否、事実として結果がすでに出ているのですから、自分の思考によって変わることは決してありません。

この単純で当然の理屈を、ネガティブな人であればあるほど、理解しなければなりません。

このように考えてみますと、「つまらないことにいくら気を使っても何にもならない」ということを、ご理解頂けるのではないでしょうか。自分が気を使うことによって、何らかの変化が生じるのであれば、それはそれなりに価値があると思います。しかし、自らが思い悩んでいるということが、出てしまった結果に影響力を持たないのであれば、その努力なり苦労は残念ながら、無に帰すると思われます。

故に、「つまらないことに気を使う」のは全くナンセンスであり、一文の得にもならないことを、重々承知して頂きたいと考える次第です。

第四章

同じ生きるなら人生楽しく

「人生楽しく生きてみましょうよ」

人生の過ごし方は、いろいろあると思います。自らの将来を積極的に切り開いていく姿、逆に悪く悪く考えて自滅する人あるいは、何の夢や希望さらにはやる気もなく、ただ漫然と生きている人間。

人の性格には、次のような相反する二通りのパターンがあると考えられます。

・楽観的　↕　悲観的
・肯定的　↕　否定的
・プラス思考　↕　マイナス思考
・ポジティブ　↕　ネガティブ
・前向き　↕　後向き　　等々

人は生まれながらにして、この内のどちらかの性格を備えている訳ですが、どちらの性格であるかによって、その人の人生は全く違うものになってしまいます。できれば皆明るい性格で、楽しい日々の生活を送りたいと思っている筈です。しかし残念ながら、皆が全員楽観主義者ではあり得ないし、それでは世界が成り立ちません。したがって、望むと望まざるに拘らず、悲観主義者さらには「超」が付くくらいネガティブな人もいるのです。

どうしてこういうふうに、一見不公平に生まれてきてしまうかは別としまして、皆がハピーに暮らしたいと思っているのは、当然のことでしょう。幸運にも肯定的な考え方ができるように生まれ付いた人は、その運命にさして感謝もせず、それが当たり前として日々楽しく生きているでしょうし、反面自己否定的に生まれてきてしまった人は、毎日辛いと感じながら生活をしている筈です。

ここで一つはっきりしているのは、どちらの性格を持ったにしろ、生を受けた人間は死が訪れるまで、必死になって生きていかないといけないということです。そうであれば、同じ生きるのであれば、一生を楽しく生き抜きたいではないですか。毎日自己を否定してばかりで、生活していたくはないではないですか。でもそんなことは、感情を持つ人間である以上誰でも一緒ですし、勿論頭では重々理解している筈です。問題なのは、理性だけでなら客観的に物事を捉えて、自分にとってよい方へ考えようとするのですが、感情がそれを許さないという事実です。

ポジティブな性格の人は、上手くいって当たり前、楽しくて当然と普段から考え感じるのです。例えば、仕事上で万が一何かミスやクレームを起こしてしまったとしても、最終的には何とかなると思って、くよくよ悩んだりはしません。これに対して、ネガティブな人が何か間違いをしてしまった場合には、もう大変です。否定的な感情が先に立ち、ただただ心理面でもう「おろおろ」するだけです。後悔だけが頭全体を覆ってしまい、その結果が気になってどうしようもなくなります。

いくらよい方へ、リカバリーショットを的確に打てばよいと考えても、脳は最悪の状況を想定してしまいます。その結果、結論が出るまで生きた心地がしません。何でここまで、自分を追い詰めなければいけないのだろうと、悲しくなるほど悲惨な状態に落ち込むのです。そういった事象が、日常茶飯事に起きるので、何歳になっても生きるのに疲れてしまう訳です。

若い時なら、まだ回復力もあり精神力も充実しているので、翌日への気力は湧き出てくるのですが、高齢者の域へ入ったその種の人々は、もういけません。一つ一つの問題で疲れ果て、次の事柄にトライする意欲が生まれてこないからです。

そんな状態を繰り返している内に、生きることが辛くて何にもしなくなるのです。そうすれば、楽しくはなくても大過ないが故に、苦しくもならないからです。実に淋しいですよね。でもこの心理状態が、悲観主義者の心の変化をそっくり物語っている訳です。結果、何もしないから人との繋がりもなくなり、一人ぼっちになって孤立して、孤独死が発生するケースが起こり得るのではないでしょうか?

しかし、そうであってはいけないでしょう。人としてこの世に生まれた以上、自分に与えられた人生を精一杯生きなければ、罰《バチ》が当たります。したがって、もっと楽しく気楽に生きればよいのです。現に楽観主義の人は、そうやって毎日をエンジョイしているのですから。

全く脳天気だって、逆にいくら根暗にとことん考え悩んだって、結果は誰にも分からないし、変わりません。もしも一生懸命ネガティブに悩んで、その結末が違ってくるのであれば、それはどんどん悩むべきでしょうし、悩み甲斐があるというものです。

しかし、同じ人間が行動し判断することですから、本人が考えた予想とそれほど違いはない筈です。正に、「案ずるより産むが易し」ではないですか。自分がベストを尽くしてやったことが、他人に理解されずに違う捉え方をされた結果、何か問題となったのであれば、それはそれでしょうがないのではないでしょうか。そう考えられるくらいのゆとりや度量が欲しいものです。

自分にとって思うようにならないことは、誰にとっても日常茶飯事で起きているに違いないのです。それにも拘らず、前向きに行動してよい結果を得る人と、悪く捉えて後向きに動くことによって、事態をどんどん悪化させていく人がいるのは、幸せになりたいという意識の強さの差から、発生してくるのではないでしょうか。

人の一生に起きることは、それがその人にとって良くも悪くも全て、「必要、必然、最善」だそうですから。

そうであれば、自分の身に関する事象を全て前向きに捉え、自らが幸せになるためにはどう解決すべきかを、考えればよいのではないでしょうか。自分の一生を楽しいものにするには、どう立ち振る舞えばよいのかを熟慮するべきです。そのようにトライしても、感情が邪魔をするのは、非常によく分かります。

しかし、自分の判断が感情に支配されるが故に、悪い方へ考えざるを得ないとしても、結果は何にも変わらないんだという事実を受け入れ、自身でその感情を凌駕するしか他に選択の余地は、きっとないでしょう。

いくら人生１００年時代と言っても、人の命には限りがあります。そうであれば、瀕死の状態においては納得して来たるべきものを迎えたいと、誰でも思っているのではないでしょうか。考えてもどうにもならない出来事は誰にでもある訳ですから、それは所詮そう思ってきっぱり割り切らなければなりません。

やるべきことはただ一つ、毎日を真摯に生きるべく全力を尽くして悔いのないように行動し、その上で出た結果は甘んじて素直に受け入れることです。そして、日々自己実現することを目指せばよいと思います。そうすれば、きっと楽しく納得できる人生を送れるでしょう。

正に、とある本の題名にあるように、「置かれた場所で咲きなさい」ですね。この考え方を実践するには、何事にも感謝の気持を持つことが必要不可欠です。それが良きにつけ悪しきにつけ、起きた出来事に感謝の念を抱かないから不満が生じ、そこから幸せという感覚が奪われていくのです。

したがって、何事にも先んじて、今生きていられることに感謝すべきではないでしょうか。この心を忘れた人に不満こそあれ、幸せは決して訪れてこないと思うのですが。

「おおらかに生きてみませんか」

人間の性格は、いろいろあると思います。気が短い、怒りっぽい、興奮しやすい、直ぐにむきになる、和やか、気が長い、穏やか、マイペース、おおらか等々。

どんな性格であるにしろ、それは生まれ持ったものですから、本質的には変えることはできませんが、可能ならば極力「おおらかに」暮らしたいと、誰もが思うのではないでしょうか。毎日カリカリして、神経を擦り減らす生き方は誰も望まないと考えます。

ラッキーにも、おっとりとした性格に生まれてきた人は、とても穏やかな人生を過ごせて幸せだと思うのですが、多くの人々はなかなかそうはいきません。もっと気張らずに、楽に生きたいと皆望んでいるのでしょうが、それを具現化することはとても難しいのです。

そうであるが故に、ほとんどの人達が納得できる一日を送れずに、毎日少なからず苦悩している訳です。それは、何故なのでしょうか？　以前の項で述べましたが、これもまた人が持って生まれた「欲」が、原因なのではないでしょうか。「欲」を段階的に動機づけた「マズローの法則」（117ページ参照）と、いうものがあります。「欲求の5段階説」とも呼ばれています。ここで、これをもう一度確認してみます。

①生理的欲求「食欲、睡眠、性欲」
②安全性欲求「住宅、衣服、貯金」
③社会的欲求「友情、共同、人間関係」
④承認の欲求「他人からの尊敬、評価される、昇進」
⑤自己実現欲求「潜在的能力を最大限発揮して思うがままに動かす」

と、いう5段階説です。

これだけの欲求がある訳ですから、それらを自分の思う通りにコントロールするのは、なかなか大変なことです。そうではありますが、これらをきちんと自分の意のままに制御できないと、欲に自分が操られてしまいます。

自身が成長するには当然のことながら、向上したいという欲求が必要な訳ですが、何事も程々でないと困るのです。この5段階の中で人が一般的に固執するのは、やはり④に該当する「出世欲」かと思うのですが、皆さんは如何でしょうか？　普通は誰でも出世してたくさんお金が欲しいですよね。それによって、豪華で贅沢な生活をしたいと思いますよね。昨年しきりに世間を騒がしていた、とある一部上場企業の元社長さんのように。何故なら、この世の中は何をするにもお金がかかり、ひょっとしたらその力があれば、寿命まで延ばせるかもしれないからです。

特に若いうちは、お金がいっぱいあるとよいでしょうね。夢や希望に満ち溢れていて、やりたいことはいくらでもあるんですから。それらに費やすお金があり、何でも好きなことができるなら、それは幸せですよね。ただし、後々その贅沢三昧な行いに対して、罰《バチ》が当たらないのであればですが。

しかし、シニア世代になってまで、それほどお金って必要なのでしょうか？　勿論日々の生活のために、いくつになってもその費用を稼ぐのに、働かなければならないのでは困ると思うのですが。若い時と違って行動範囲も狭くなり、交友関係も少なくなって、飲み会や人付き合いも減ってくるのに、それでもやはり使い切れないほどのお金が必要なのでしょうか。勿論多くあればあるほど嬉しいし、それによって困ることはないと思うのですが。

しかし、あり余るお金を使わんがために毎日美味なものばかり食しているとすれば、それは体に悪くはないのでしょうか？　カロリーの取り過ぎで病気を発生するのではないかと心配なのですが。さらに、おいしい食事も偶《たま》に食べるからおいしいのであって、毎日のこととなれば当たり前になり、それに慣れてしまって特においしいと感じなくなるのではないですか？　もしそうであれば、それは幸せとは反対に、とても不幸なことになるような気がするのですが、そんなことってありませんか？　それを持っていない者の僻みでしょうか？　いずれにしろ、何事も程々がよいと思います。

お金に関する件で、前述しましたようにとても不幸なことと思われる事件が、

2018年11月に起きました。一部上場企業の会長さんが、所得を5年間にわたって過少申告していたというものです。その金額たるや、庶民の感覚では全く理解できない額です。「2015年3月期までの5年間で、報酬が約99億9800万円だったのに対し、合計49億8700万円だったと虚偽の記載をした有価証券報告書を5回にわたり関東財務局に提出した疑い（日本経済新聞）」だそうです。その上、裁判の判決が下る前に、不正に国外逃亡です。大したもんですよね！

こんなこと、信じられますか？　あり得ますか？　いくら金に対する欲が強いと言っても、約50億円誤魔化すんですよ。普通の神経の持ち主では、あり得ないことではないでしょうか。人間は、出世欲を満たし傲りが出ると、往々にしてこういうことになりかねないのです。これは、完全に欲が成す仕業ですよね。それによって、自滅したのです。でも、額の大小はあるにしろ、この事象は決して他人事ではないですよ。皆が、こういう罠に陥る可能性を秘めているのです。

では、ここでまだ触れていない「出世欲」について考えてみましょう。「承認欲求」

の中にあるものは、出世欲だと思います。何故なら、それによって名誉を手に入れれば全てが自分の思う通りになると、勘違いをする人がいるからです。

確かに、多くの人々が、少しでも上の地位に行きたい、偉くなりたいと考える訳ですが、ある人にとっては、その理由の一つに勝ち得た地位によって、人を自分の意のままに動かせる可能性が大きくなるという状況が、含まれていることがあるからでは、ないでしょうか？　自らの思い通りになる人生、欲のままに生きられる人生、これが実現したらきっと人間は最高の喜びを味わうことでしょうね。程度の差こそあれ、多くの人が求めるものだと思います。だからこそ、人はそのために一生懸命に頑張るのですから。

でも、ここ一つ考えてみてください。その出世によって得た金銭は、どこで誰のためにさらには、何のために使うんですか？　困っている人達を援助している団体に寄付するんですか？　はたまた自ら財団を立ち上げて、金銭面で苦しんでいる学生達をサポートしてあげるのですか？　いや、ボランティア団体に寄付するのでしょうか？

自分だけのために使わず、対象は何でもよいのですが、他人様のために使ってみませんか。自分が稼いだお金によって、人様に喜んでもらえたら、最高じゃあないですか。これほど尊く素晴らしいことはない筈です。こんなに自分にとって、嬉しいことはないと思うのです。

この事象が、人間にとって大きな生き甲斐になるのは、間違いありません。しかし、何故か、独り占めしたがる人が多いんです。「何故か」と申しましたが、その理由は極めてかんたんです。その人物に「おおらかさ」が欠如しているからです。一人でほくそ笑んだって、面白くも何ともないじゃないですか。皆で喜びを分かち合い楽しんだ方が、よほど嬉しい筈ですが。

そこで一つだけはっきり言えることは、おおらかさを持ち合わせている人は、多くの場合、その利益の何がしかを、分かち合うということです。それによって、他人に感謝されるのです。これは、間違いない事実です。おおらかに生きることは、人のためでも何でもありません。自分自身がそれによって幸せな生き方ができ、楽しい思いをするのです。この世に、他人様から感謝されることほど、嬉しく生き甲斐に繋がるという事実はないと思います。

豊かで喜びに満ち溢れ、人生って何て楽しいんだろうと日々感じながら生きれるように、さらには皆から必要とされ感謝されるシニアになるべく、是非ともおおらかに生きてみては如何でしょうか。

「正しい生き方をしよう」

人の一生って、それぞれ個々人によって、全て決まっているのではないでしょうか。昔、「名もなく貧しく美しく」という題名の映画がありましたが、どんなチャンスに恵まれても、この映画の題名のような生き方をする人もいますし、金の虜になって手段を選ばず、それを手に入れようとする人もいます。「地獄の沙汰も金次第」ですから、ましてや命も金があれば、高額薬品を使ってある程度延命ができるとなれば、そりゃあ誰でもお金は欲しいでしょう。また、あるに越したことはないと思います。

しかし、それを得る手段は、あくまで正しいものでなければなりません。金というのは、人を幸せにするものであるべき筈なのに、時としてその入手の仕方や方法を間違えると、人を不幸にします。にも拘らず、手に入れるために罪を犯すケースが、多々発生するのが現実です。

では何故人は、それまでの生活よりも不幸になるのが分かっていて、犯罪に走るのでしょうか？　勘違いして欲しくないのは、人間を幸せにする犯罪というのは、一切ないということです。何か悪いことをして、罰《ばつ》が科せられないというのは、絶対と言っていいほどありません。完全犯罪なんていうのは、あり得ないのです。犯罪とまでは言わないまでも、「いじめ」にしたって、「ハラスメント」にしたって、同じことです。肉体的にしろ精神的にしろ、他人に危害を加えればそれは必ず罰《ばつ》となって、自分に降り掛かってくるのです。

こんなかんたんな事実が分からずに、どうして人間は罪を犯すのでしょうか？　何故常に正しい生き方、正しい行いをできないのでしょうか？　日々正しい生き方をしていれば、大概何か良いことがあるものです。毎日平凡な生活で、ラッキーと思えることなんか、ちょっともないと嘆かれる方もいらっしゃるでしょうが、そこで一歩立ち止まって考えてみてください。毎日を平凡に過ごせるということが、如何に幸せなことなのかを。人は複雑な人間関係の中で生きている以上、自分の意に拘らずいつも何かの問題を抱えている筈です。そして社会での人間関係には、何らかの利害関係が絡みます。そうであれば、自分から何も悪いことをしなくても、理由も分からず相手から危害を加えられる状況はいくらでもあり得るのです。

その典型的なものが、学校における「いじめ」です。でも、そこにはいじめを受ける最もな理由があるのでしょうか？　そんなモノはありません。そこに性格の悪いあるいは軽率な生徒がいて、ただ「あいつ気にくわないから」と、いう単純な理由で他を巻き込んで、一人の生徒をターゲットとしていじめ、その悩む姿を見て喜ぶのです。何とレベルの低い話でしょうか。

では、何故そんな低次元の状況ができ上がってしまうのか？　それは、そういう行動を取る張本人に、「人はどんな時も正しい行いをしなければいけないんだ」と、いう正義を重んじる考えが芽生えていないからではないでしょうか？　社会や企業におけるハラスメントも、大同小異の理由で起こるものです。

しかし、ここで一つ皆さんに考えてみて欲しいことは、「正しいことをするとそんなに自分にデメリットが生じるものなのか？」についてです。逆に自分の欲って、そんなに抑えられないものなのでしょうか？　正しいことをする、それに反して間違っていると知っていて、さらにはそれをやってはいけないと分かっているにも拘らず、やってしまうという違いは何かと言えば、それは明らかに「欲望」の存在です。人が、自らの欲を追求するが故に、犯罪が起きるのです。

でも、考えて頂きたいのです。常に正しいと思える事象を、実行し続けることによって得られる心の安寧を。何とも穏やかで、心安らかな日々を送れる幸せを。人間にとってこれらに優る「至福の時」はないと思います。反対に、他人に迷惑を掛けて、一時は自分の得になるものがあるかもしれませんが、それに対する疚《やま》しさや精神的な負担を考えたら、それは割に合わないと思うのですが、如何でしょうか？

勿論人間は十人十色ですから、後ろめたさなどを感じることなく、一つが上手くいけば次へと、どんどんエスカレートしていく人もいくらでもいるのでしょうが。しかしその種の人々は、後日まとめてとても大きな代償を払わなければならなくなる筈です。それは、かんたんな理由からです。何故かと言えば、「人間は平等にできている」という事実があるからです。正しいことを常に心掛けて、アクションを起こすようにしている人と、いつも自分の欲だけを追求して、目先だけを見ていい思いをしていると勘違いしている人間が、最終的に平等である訳がありません。

人間として生まれてきた以上、人は社会に育てられて成長するのですから、自分を一人前の人間にしてくれた社会という環境に、死ぬまでに最低でも一度は、恩返しをしなければならないのです。それなのに、そんな単純な理屈も理解せずに、常に自分にとってのみ都合のよい行動をしていれば、いつか取り返しのつかない状態に陥るのは、当然の成り行きと言えるのではないでしょうか。

そこでですが、冷静に考えてみてください。つまり正しいことをしていると、自分に不利益ってそんなに生じるものですか？　嫌らしい欲をかかなければ、何ら物理的な問題も発生しないと思うのですが。

こう考えてみると、正しい行動をするために問題や障害になるのは、「欲望」ですね。しかも、自分だけが得をしたいという欲ですよね。ここでふっと思うのが、「欲望」という要素を、「向上心」という気持に置き換えてみては如何でしょうかということです。例えば、人一倍裕福な生活をするために、目一杯金が欲しい。したがって、その金を稼ぐために他人が思いつかない仕事をする。超給料のよい企業で働くために、人の数倍努力をする。誰だって本気でその気になれば、不可能ではない筈です。「継続は力なり」という言葉がありますが、人がある目標に向かって真剣に努力し続ければ、決して叶わぬ夢はないのです。だって、「夢は見るもの」ではなく、「夢は叶えるもの」だからです。

この理屈を知らない人達だけが、さしたる努力もせずに、自分の現状を嘆いているのです。現に、人の数倍も努力をして他人を超えた人間は、多数がメディアに出ているではないですか。有名な経営者になっているではないですか。勿論中には、偶然にマスコミに取り上げられた人もいますが、そんな人は直ぐに消えていきます。それは、日常茶飯事に起きていますし、当然のことです。

したがって、自分が正しいことをして幸せな人生を送りたいと思ったが吉日、その時点で直ぐに、生き方を改めたいものです。とあるテレビ番組ではないですが、「ボーッと生きてんじゃねーよ！」が、あなたの人生にも言えるのでは、ないでしょうか。

「納得のできる毎日を送ろう」

当然のことながら人の考えは色々あり、毎日をどう過ごせば、「今日はよい一日だった」と感じられるかも、それぞれの人物によってさまざまでしょう。ある人は、回遊魚のように動き回るために、毎日何かスケジュールが入っていないと不満に感じるでしょうし、反対に日々やることがいっぱいつまっていると、それが負担になり毎日が苦痛で苦痛でしょうがないと、いう人もいるでしょう。

職を持たない大部分の高齢者の人達は、朝起きてから、「さあ今日は何をしよう、どうやって時間を潰そう」と、考えることでしょう。要するに、「きょういく」と「きょうよう」がないのです。果たして、そういう状況で人は納得のいく生き方をできるのでしょうか？　何故なら、人間が持っている時間は有限ですし、寿命ということを考えても、残された時間はそれほど多くないからです。故に、何時《いつ》天に召されてもよいように、終活という言葉が頻繁に使われるようになった訳です。

　多くの人々が終活をしているようですが、そういう人達にとって一番しなければいけないことは、一日一日を納得して過ごし、その日を終えるということではないでしょうか。何故なら、人の生き様は多様だからです。我が国で亡くなられる方の一番多い年齢は、男性が86歳、女性は91歳ということですが、平均寿命がこれより短いのは、何らかの病気や障害を抱え、若くして命を終えてしまう人もいるからでしょう。

　そういう面で考えてみますと、人に何時死が訪れても、「自分は今命が絶えても悔いはない」と言える生

平均寿命及び死亡数が最大になる年齢（男女別，平成 24 年）

内閣府男女共同参画局Ｈ・Ｐより

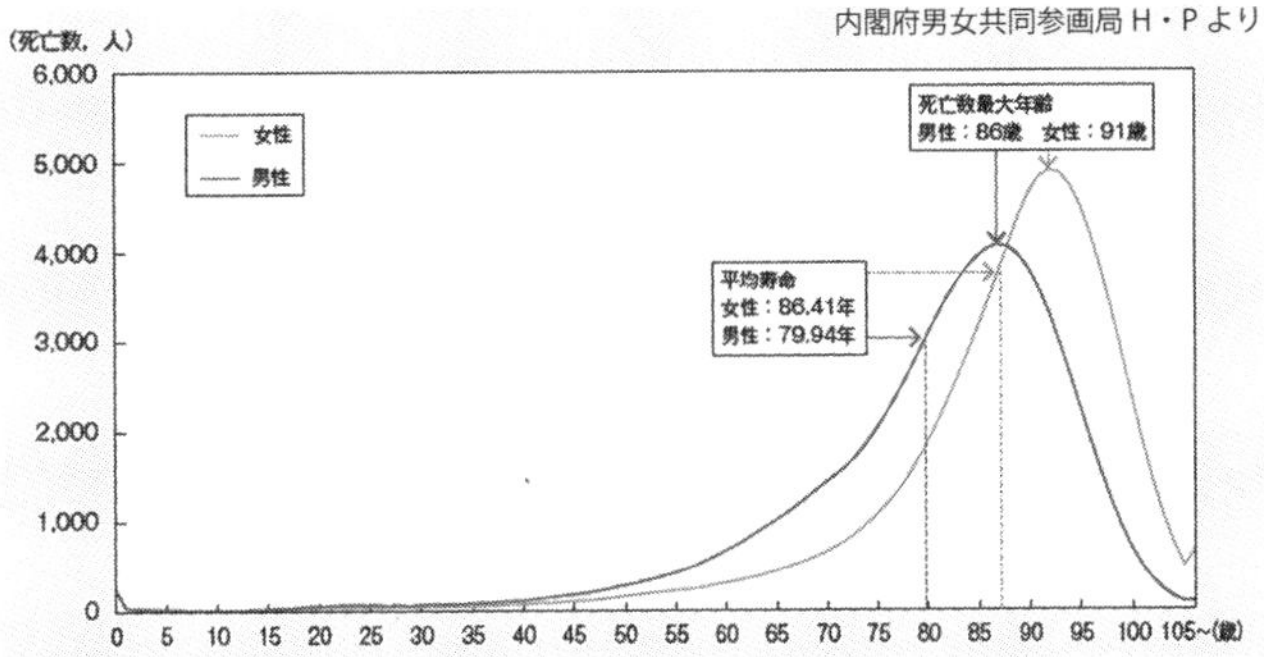

き方をしなければ、あるいは心掛けなければ、「死んでも死にきれない」と、いう状況になってしまうのではないでしょうか。それでは、余りに惨めです。

人として生を受けた以上、その形態はどうであれ、一生の内いつかはあるいは最低でも一回は、他人様に必要とされる存在になれることを、皆が求めている筈です。中には、へそ曲がりの人がいて、「自分は社会の役に立とうなんて、これっぽっちも思わない」と言い張るかもしれませんが、そんな人々でも他人に頼られるとしたら、決して悪い気はしないものです。つまり、他人に当てにされるということは、とりも直さず、社会のお役に立っているということに他ならないのです。

そうであれば、一日一日を最善の状況で終えるようにしなければ、そして人様に必要とされるように生きなければ、何のために生きているのか、分からなくなってしまうのではないでしょうか。「必要とされる」という表現が適当でないならば、自分と仲のよい友人がいれば、それで人はある意味で他人様のお役に立てているということなのです。

ここで一つ考えて頂きたいのは、皆が思うことは自分の友人が「他人に誇れる人であればとても嬉しい」と、いうことではないでしょうか。その端的な例が、「俺は国会議員の○○とは親友なんだよ」と言えれば、自尊心を満足させることができるという事実です。

しかし当然のことですが、その種の人達と友人であり続けるためには、自分が魅力ある人間でなければならないということです。そのためには、一日一日を精一杯、懸命に生きる必要があるのです。ただ何となく、目的もなく時間を消化しているだけの人に、そんな社会的に認められている人が興味を示す訳がないのですから。

人間関係なんて、かんたんじゃあないですか。要は、お互いにＷｉｎ・Ｗｉｎの関係が築けないようであれば、基本的に成り立たないということです。さらには、自分にＷｉｎを持たらせてくれる人は、社会でそれなりの地位を築き、広い人間関係を構築している人なのです。

そのような人に、あなたはどうやってＷｉｎを提供するのですか？　それを可能にするべく、自分もそれなりの人間関係を持つには、やはり何らかの形で社会に貢献できる人物であることが、必要なのではないですか。

そうでなければ、充実した日々を送れないにも拘らず、「さて今日は何をしよう。早く時間が過ぎて、一杯飲める夕食時にならないかな」と、毎日前日と同じ生活を送っている人を、果たして社会は、はたまた真の友人は、必要としてくれるのでしょうか？

大それたことをする必要はないのですが、少なくとも自分を必要としている人や頼ってくれる人間がいるという事実は、自分が生きていく上で、必要不可欠な要素ではないのでしょうか。「そんな堅っ苦しいこと毎日考えていられねえよ」と、いう方がいるかもしれませんが、だからと言って、それがただ時間を消化するだけの毎日を、正統化する理由にはならない筈です。

そうであれば、無理やりでもよいから、「きょういく」と「きょうよう」を作って一日行動し、「今日は納得できる一日だった」と思えるようにすることが、必要なのです。

定年が企業によっては65歳まで延長された現在、従来のそれが60歳だったときよりも5年長く働いているが故に、「65歳まで働いたんだからもういいよ」と、おっしゃる方が多くいるかもしれません。しかし、65歳を過ぎてもまだ働いている人達が、69歳まではその47％近くいることも、また厳然たる事実なのです。

何故かといえば、やはり自分は体が動く内は回遊魚でいたい、ある意味で何らかの形で社会のお役に立ちたいと考える人がいるからではないでしょうか？　それは、正に自分につまらないさらには逃げの言い訳をしなくていいように、納得できる生活をしたいということに他ならないのです。したがって、毎日を必死になって生きてみては如何でしょうか。

確かに、「何もせずに時間を消化して過ごしても一日は一日」、「一生懸命に何かに向かって頑張って行動しても同じく一日は一日」、その通りだと思います。しかし、人は誰しも最後を迎えるに当たって、この世にやり残しや後ろ髪を引かれる物事を抱えていることは、決して本望ではないと思います。そうであれば、第二の青春を精一杯生きて、「何時召されても悔いはない」と言える状態を作り上げておくことが、大切なのではないですか。

皆さん、「納得できる一日」を過ごした夜に床につく時の爽快感は、何とも言えませんよ。是非一人でも多くの人に、この感覚を味わって頂きたいものです。

「傲り高ぶるのはよしましょうね」

常に謙虚で居続けられる人が、どのくらいいるものなのでしょうか？　さして感情の起伏もなく、良い事があっても調子に乗らずに、何時も平静でいられる人がどのくらいいるのか、非常に疑問です。

何故なら人はよい事象が重なると、「やはり自分には目には見えない何かしらの能力があるんだ」と、勘違いし始めるからです。さらには、それが「自分は他の人とは違うんだ」という、「傲り」に繋がっていくのです。

よく、「あの人最近すごく調子に乗ってるよね」などの言葉を聞くことがありますが、これは正に、「傲り高ぶっている」のに他なりません。しかし、果たしてそれでよいのでしょうか？　何故か？「傲り高ぶる」状態は、他人に決して良い印象を与えないからです。それどころか、そうなった瞬間から、他人を不愉快な気分にさせるのです。

したがって、「百害あって一利なし」な訳です。でも、どうして人はちょっと良い事があると、単純に無条件でこのように思い違いをするようになってしまうのでしょうか？　この傾向は、特に日頃他人から褒められることの少ない人に、多く見受けられます。それは何故か？　多分多くの場合は、他人からの愛情や評価を受けることに、飢えているからだと感じられます（「マズローの欲求段階説」117ページ参照）。

日頃、人からよい評価を受けることがほとんどない人間は、偶《たま》に自分にとって都合のよいことがあると、そしてそれがいくつか続くと、普段その種の経験がない分だけ、自分で自分を褒めてしまうのです。その結果が、「自分って凄いんだ。他人と何か違うものを持っているんだ」と、いう勘違いに繋がっていき、最終的に「傲り」に至る訳です。

何故、いともかんたんにそうなってしまうのか？この理由は、これまた如何にもかんたんです。人間は、どんなにできた人でも、どのように優れた人でもさらにはいくつになっても、他人からの「甘い言葉」や「褒め言葉」を欲しているが故に、それらに極めて弱いからです。ましてや、普段滅多に褒められない人にとっては、それらは悪い面で効果てきめんなのです。

でも、ちょっと落ち着いて考えてみてください。他人より優れているっていったって、人間として全ての面で勝っている訳でも何でもありません。たまたま、自分にとってちょっとよい出来事があったというだけのことです。その現象は、本当に凄い人物にとっては当り前の事象であり、日常茶飯事の事柄であるかもしれません。

そうであれば、その程度のことで意味もなく有頂天になっても、よいものでしょうか？もしそういうことなら、それはその人間が如何にも小者であるというのを、物語っているのと同じことだと思われます。

人は当然のことですが、自分にとって甘い言葉や心地よい話を好みます。しかし、残念ながらその類の言葉を言ってくれる人はなかなかいない訳ですから、偶《たま》に言われた時に気分が良くなるのは、当たり前です。さらには、それがちょっとでも続くと、段々自身の価値を勘違いしてくるのが、自然の現象のような気がします。

だからといって、調子に乗ってよいというものではありません。物事には、何事も程々というものがある筈です。自分が、爽快な気分であればそれでよいのであって、そこから度を弁《わきま》えず、傲慢になるのは問題外です。そうなってしまった人を見て、よい感じを受ける他人は誰もいません。したがって、いくら褒められたとしても、自分一人で喜んでいればよいではないですか。それを、他人に分かって欲しいと押し付けること自体が間違いです。

その手の人達がいること、いやむしろ多いのは確かですが、そういう人々はきっと淋しい人なのでしょう。そして、普段から優しい声を掛けてもらえない、他人から必要とされていないが故に、必要以上に自分が褒められたことを誇示したいのです。でも、そんなことを誰も聴きたくはないし、ましてや認めることなどあり得ません。謙虚に、一人で喜んでいるから可愛いのであって、それを他人に認めさせようとするのは、どう考えてもナンセンスです。

こう考えてみますと、人は自分に起きた好都合なことを、一緒に喜んでくれる友人が必要だと、言えるのではないでしょうか。それも、真に心が通じ合う友人です。人に起きたよい事象を、自分のことのように喜んでくれる人間や友達、こういう相手を持てれば、他に何にもなくてもあなたの人生は、最高に恵まれたものであると言えます。その種の人がいれば、敢えてさして関係ない人々にまで、「傲り高ぶる」必要はない筈です。仲間内で、ささやかにお祝いをすればよい訳ですから。

一個人としては、是非ともそのような存在でいたいものです。決して自分と同じ気持を抱いてもらうことを、他人に強要してはいけないのです。もしもそんなことをすれば、自ら「自分は淋しい孤独な人物」であるという事実を認めるようなものでしょう。

人間誰しも、自ら進んで一生孤独な生き方を望む人は、いない筈です。何らかの理由や原因があって、そのような環境にいることを余儀なく強いられている人は、確かにいるのですが。でも、同じ人生を過ごすのであれば、当然皆が楽しく納得できるそれを送りたい筈です。だって、死の床にあって、「自分の毎日の生活はこれでよかったんだ。十分に満足できるものだ」と、思いたいじゃあないですか。そのためには、人の一生は一日一日を邪念なく、懸命に生きるものであればよいのです。そんな贅沢をする必要はありません。例えいくら質素であっても、大過なく生きられればよいということです。

そのためには、決して「傲り高ぶった」生き方をしてはなりません。ささやかでもいい、他人に迷惑を掛けない人生であれば、それだけで十分に満足をしなくてはならないのです。「足るを知る」でなければ、はたまたなまじ欲を出せば、その欲をかいた対象のモノで、必ず苦労するように人はできているからです。それがお金であれば、いくら持っていても「もっともっと」となる訳で、「じゃあどのくらい持っていれば納得できるのか?」ということです。

十人十色、人によって色々な日々があるでしょうが、これだけははっきり言えます。「元気で病気もせずに生きていられさえすれば、最低限それで人生万々歳」です。

「皆で幸せになろうよ」

人は、皆自分が幸せになりたいと思って生きている筈です。勿論自身がどういう状態であれば幸せなのか、はっきり理解している人は少ないと思いますが。ただ漠然と、「幸せになりたいなあ」と考えているのでは、ないでしょうか。

では、人間の幸せって何でしょうか？　多分自身の願っている事、望んでいる事柄などが叶った時に、「自分は幸せだ」と感じるのだと思います。端的に言えば、その欲求が満たされた時に、「幸福感」を覚えるのではないでしょうか？

人であれば誰でも、先ずは自分の得になることを目指して行動します。したがって、人間関係の中でもしそれが他の人の不利益になるようであれば、当然のことながらそこで揉める訳です。その時、人間性がよい人であれば自分が引いて、相手の願望を優先するでしょうし、性格の悪い人ならば自分の我儘を押し通すでしょう。

しかし幸せになるために問題なのが、この「我儘を押し通す」ということです。世の中は、人と人との繋がりによって成り立っている訳ですから、「我と我」がぶつかった場合には、どちらかが折れなければなりません。

こういう状況では、基本的に性格のよい人の方、人間ができている人の方が自らの我を引っ込めて、相手を立てます。そうした時に、我を通した人は、「やはり自分は間違っていなかったんだ」と勘違いして、反省しなくなります。それどころか、質の悪い人間は図に乗ってさらにエスカレートして、我を押し通してくるのです。

こういう他を顧みない人間が、あるいはその手の人だけが、「幸せ」になってよいものなのでしょうか。そんなことがまかり通るから、世の中がおかしくなってきます。その上、争いごとさえ起きるのです。何故もっと、他人のことを想いやれないのでしょうか。

しかし、ここで考えて頂きたいのは、自分の欲が満たされたとはいえ、それで本当に幸せなのかということです。そんな、自分だけが何時もハピーなんてことが、あり得るのでしょうか？　あるいは、あってよいものなのでしょうか？　それが真に起こるのであれば、世の中如何にも不公平ですよね。でも前述しました通り、人間の世界はそして世間は公平なのです。

ということは、我を通して早い時期によい想いをした人は、人生の後半になってどえらいしっぺ返しを喰らうということではないでしょうか？　いや、実際にそうなるのです。何故なら、人間そんなに好き勝手に生きてよい筈がないからです。そんな行動は決して許されません。

このような、極めてかんたんな理屈を知らない愚かな人間が、ちょっと自分の思い通りにならないと、直ぐに愚痴を言い始めますし、自分は如何にも不幸であるが如きことを言い出すのです。でも、世の中はそんなに甘いものではありません。「甘ったれんじゃねえ」と、言いたいくらいです。

では、本当に幸せになるには、どうしたらよいのでしょうか？　そんなに難しいことではないと思います。何故？　自分をちょっと抑えて、他人を尊重してあげればよいからです。何も10の欲求があって、10を全部満足させる必要はないじゃないですか。「足るを知る」という言葉がある通り、自分にとって本当に叶って欲しい事象は、10の内2か3な筈です。万が一10の内10全てが実現するなら、それは夢でも希望でもなく、そうなることが当り前になってしまったが故に、逆に何の喜びも感じなくなります。そんな感謝や感激のない人生は、きっと最悪ですよ。

したがって、人がもし自分の欲求を叶えたいとするなら、いくつかあるモノに優先順位を付け、これだけは叶えたい、実現して欲しいというモノを2、3選んで、あとは他の人と利益がぶつかったら、人にくれてやればよいのです。そのことで、「あの人はよい人だ」と思ってもらった方が、よほど得ではないでしょうか。

要は、自分が幸せになることを本当に実現したいのであれば、当然のことながら自分以上に、他人を大切にしなければいけないということです。そうでなければ、相手も自分のここ一番というときに折れてくれませんし、自分を優先させてもくれません。これができて初めて、人は自分の幸せを勝ち得ることが、可能になるのです。

そうすると、自分はいつも妥協ばかりしていないといけないのかと勘違いする人がいるでしょうが、決してそんなことはありません。人間にとって自分にとって、これだけはどうしても欲しいというモノは、そんなにないからです。幸せになりたいと過度に欲張れば、そうであることが普通さらには当たり前になって、その内に到底実現不可能な幸せを求めるようになりかねません。

つまり、他人から見れば十二分に恵まれているにも拘らず、自分では全く満たされることなく、何時も何か目に見えぬ訳の分からないモノを追い求めてないといけなくなるのです。これほど淋しい人生はないですよ。過分に欲しがる必要は全くありません。それどころか、その欲は意に反して、自分を不幸にする元です。

世の中をよくするための欲はいくらかいても構いませんが、自分だけが得をしようとする欲は常に程々にしてください。

自らを成長させる夢や願望は、さらには世の中のためになるそれらは積極的に望み、実現を目指して欲しいのですが、私腹を肥やそうという欲だけはかかないでください。

皆が状況に応じて、お互いに譲り合ってそれぞれの幸せに配慮して生きて、「皆で幸せになりたい」ものですね。

「淋しがるのは止めましょう」

世の中には、色々な考え方の人、種々の生き方をしている人がいます。基本的には社会人の一員として多くの人に支えられて生きている訳ですが、中にはなるべく一人でいる方がよい、あるいはその反対に常に誰かと一緒にいないと、何か不安になるという人がいるようです。正常な人間関係であるなら、それは広い方がよいでしょうが、ただ単に付き合いが広いということであるなら、決してそうだとも限りません。

要は、本当に自分のことを想ってくれる他人が何人いるかという事象が、問題なのだと思います。一人の方が気楽でよいという人であっても、自分のことをきちんと気使ってくれる人が、何人かは欲しいものです。普段は、当然一人で行動するのが好きなんでしょうが、その種の人が全く悩まない、淋しさを感じないということはない筈です。そうであれば、そういう時に相談に乗ってくれる人を必要とするのは、人間として当然なことです。逆に、何時も誰かといたいという人は、そういう状況を少しでも減らして、偶《たま》には一人でいるのもいいもんだと思えるようになって欲しいものです。こういう人は、今流行りのツイッターやフェイスブックさらにはインスタグラムで、一生懸命「いいね！」を追い求めているのではないでしょうか？

では何故、一人でいることが「淋しい」と、感じるのでしょうか？　前述しましたがそれは明らかに、「きょういく」と、「きょうよう」がないからだと思われます。今の世の中、人が何かをしようとすれば、ほとんどの出来事に他人が絡んでくる筈です。現役で仕事をしている人においては、絶対と言ってよいほど他との協働が必要になります。そして時には、その煩わしさに、「もう一時でいいから一人になりたい」などと、どんな淋しがりやでも感じることがあると思います。

そうであれば、この「淋しがる人々」というのは、高齢者となった今第二の青春を迎えているのに、その一方でお金と時間はある訳ですから、何でも好きな時にやろうと思えばできるにも拘らず、何をすればよいのかが分からない人達なのでしょう。そして事実、自分からは何にも行動を起こさない人物なのだと思います。人生100年時代になった今、定年後の自由な時間は約10万時間あるそうです。そしてそれは、現役の時に働いた総時間よりも長いということです。それだけの貴重な時を、無駄にしてもよいものでしょうか？　どう考えても、そんな勿体ない話はありません。

人間誰しも、仕事をリタイヤしたら、「あれをやりたい、これを思う存分楽しんでみたい、旅行三昧の生活を送ってみたい、趣味の山登りを徹底的にやってみたい」など、色々な思いや夢がある筈です。しかし当然のことながら、現役の時にはそんな時間も金もなかったのが、当たり前でした。それ相当の苦労をして、仕事生活を卒業して初めて、一定の金銭の貯えがある人にのみ許されることなのです。しかし、そのような恵まれた環境に置かれている人は、どのくらいいるのでしょうか？　例えば、家のローン返済のために、あるいは子供の学費捻出にさらには日々の生活費を稼ぐのに、相変わらず働き続けなければいけない人々は、そこそこいる筈です。

そのような事実を鑑みますと、四六時中誰かと一緒にいないと淋しいということが、如何に贅沢な話であるのかが、お分かり頂けるのではないでしょうか。確かに高齢者になってから一人でいるのは、淋しいことではあると思います。しかしその状況は、自らそれを解決しようとした結果なのでしょうか？　つまり、地域が主催している勉強会や趣味の集まりに参加したり、何かのボランティアで他人のお役に立つことを志したり、町内会の集会に出るなど試みた上でのことなのでしょうか？

何のチャレンジもせずに、ただ何をしていいのか分からない、付き合ってくれる人がいない、時間の潰し方が分からないと言っていても、それだけでは問題が解決しないのは当たり前のことです。それでは、正に認知症へまっしぐらではないですか？　問題は、社会人の時とは違った努力を、しなければならないということなのです。お金もあれば時間もあるし、したがって何もしなくてもバラ色の第二の青春が待っているだろうと考えているのであるならば、それは大きな勘違いです。人は何時《いつ》の時にも、いくつになってもよりよい人生を目指して、決して努力することを怠ってはならないからです。

というよりは、むしろ今まで社会にお世話になった分だけ、恩返しをしなければいけない筈です。

そういう事実を認識せずに、ただただ淋しいと言っているのであれば、それは自業自得ではないのでしょうか。確かに年を取るとともに、何かをするのが億劫になってくるものです。何かにつけて口にする言葉が、「面倒くさいからいい」となるのも分かります。でも、それで本当に人は納得がいくのでしょうか？　何のために、現役社会を歯を食いしばって、乗り越えてきたのでしょうか。考えるまでもなく、充実した定年後の生活を送るために、頑張ってきたのですよね？　それなのに、幸いにも好きなこと、やりたいことだけをできる資金的なゆとりと時間的な余裕をせっかく持てるようになったのに、今度は「何をしていいか分からない」では、それこそ余りに「淋しい」のではないでしょうか。何のために生まれてきたのかが、本当にさっぱり分からなくなります。

何故もっと人生を楽しもうと、積極的に行動しないのでしょう。あるいは、他人のお役に立とうと、アクションを起こさないのでしょうか？　その種の人々は今の時期が、自らの一生を後悔しないモノにするためには、人生の中で一番よいタイミングであるという事実を理解しているのですかね？　86歳で、その命を掛けてアコンカグア（南米大陸最高峰）登頂を目指した三浦雄一郎さんのようにはいかなくても、何かに打ち込んでみてもよいのではないですか？　だって、生きていられるだけでラッキーなのですから。それを存分に活用して生きなければ、本当に罰《バチ》が当たりますよ。まして、毎日毎日ただ「やることがないのに誰も遊んでくれないから淋しい」と言って生きているのであれば、それは罰《バチ》当たりな生き方、そのものではないでしょうか。

何回も繰り返しますが、生きるものの命は有限なのです。そして、定年後の生活は好きなことをやっていいと、社会にも世間の人々にも公認されているのです。ましてや、人生100年時代においては、第二の青春を迎えている訳です。これだけ条件が揃ったら、それらを存分に活用しなければ、何のために辛い現役生活を過ごしてきたのか、およそ不可解になってしまうではないですか。

したがって、淋しいと嘆いている時間があるならば、また何か過去に思いを馳せている時があるならば、はたまた何かを悩んでいる状況があるのなら、何はともあれとにかく行動してみましょうよ。そこから、必ず何かが生まれてくる筈ですから。

第五章

自分のあるべき姿を追求してみよう

「もうコンプレックスは捨ててみませんか」

「コンプレックス」って、どういうモノでしょうか？　「他人に、自分の本当のかつありのままの姿を見せる時に、それを邪魔する自らに対する無意識の観念（劣等感）」と、いうことではないでしょうか？　その理由で若い時には、いろいろな面で自分にとって、それは嫌なものであったと思います。何をするにしても、意識をしていないのに常にそれが負担となって、自分が引け目を感じてしまうからです。したがってそれがあるが故に、全ての行動が消極的になってしまう訳です。

しかし、一歩俯瞰して考えてみますと、ほとんどの人が何らかの意味で、コンプレックスを持っているのではないでしょうか。しかも、それは外観や見た目に関するモノが多いようです。人間の本能として、「格好よく見られたい」と、いう想いが強い訳ですから、見た目に係わるコンプレックスは、とても大きな引け目になると思います。

ただ、これに関して一つ疑問があるのですが、それって自分が感じているほど、他人がそれをマイナスの要素として捉えているのでしょうか？　本人がそれをデメリットとして隠そうとするから、他の人も気になるのであって、それも個性の内と捉えて平気でいれば、多分周囲の人達もどうとも思わない筈です。だって、その人は皆と初めて会った時から、そのコンプレックスなるモノを、備えている訳ですから。

とは言うものの、若い時期に彼氏、彼女という付き合う相手を見つける前には、本当に気になるものです。意識しないのに、自然にそれを隠すような行動に出てしまいます。それは、誰にとっても当然なことでしょう。人間誰しも美しいものに憧れるし、皆からちやほやされたいのも、もっともな話ですから。

したがって、何でこんなコンプレックスを抱えて生まれてきたのかと、恨めしく思うことも数しれずあった筈です。そんなことは皆に共通の要素であって、60歳を過ぎたらもう気にしなくてもよいのではないですか。芸人さんの中には、コンプレックスと思われるものを個性として、思う存分にそれを利用してヒットしている人達も沢山います。

あと人生が最長約40年残っているとはいえ、自分の方向性はもう見えてしまったばかりか、ほとんど決定付けられているのですから、今さらコンプレックスを感じても、意味がないのではないでしょうか。

アメリカ合衆国の元大統領であるリンカーンの有名な言葉に、「男は40歳を過ぎたら自分の顔に責任を持て」というモノがありますが、定年を迎えたら特にいつまでもぐちぐち悩んでいずに、本当に堂々とそれを凌駕できるくらいにならなくては、いけないと強く感じます。今さら異性に、持てる必要がある訳でもないでしょうし（持てるに越したことはなく、本当はそうなると嬉しいのですが）、それが災いを呼び込むこともないのですから。

それよりも、コンプレックスを捨ててもっと自分に自信を持ってみたら如何でしょうか。曲がりなりにも、仕事人間を全うしてきたことによって、何らかの自慢をできるモノが身に付いた筈ですから。そのような事象なり要素を、積極的に表現やアピールしてみたらどうでしょう。人間誰しも他人より少しでも優れているモノって、何かあると思いますよ。さらには、物事には二面性がありますから、例えば自分がコンプレックスだと考えていても、ポジティブリフレーミング※をして再考してみれば、それが長所にだってなる訳じゃあないですか。

このように考えてみますと、最早それほど見栄を張る必要がなくなった定年後に、相変わらず昔からのコンプレックスを抱えて悩んでいるのも、何となくバカらしくなってこないでしょうか？　もっとそれから開放されて、自由に伸び伸びと生きてみてもよいのではないですか。

所詮他の人がそれほど気にしていないのですから。自分だけで一生懸命悩んでみても、何のメリットもありません。それどころか、ただただ自らの行動が消極的でぎこちないものになっていくだけです。それが外見上のものであれば、いくら隠そうとしたって直ぐに分かってしまいますよ。それで卑屈になるよりは、最初っからありのままの自

※物事の枠組みや考え方を肯定的に捉え直すこと

分を見てもらったほうがいいではないですか。

他方、ちょっと冷静になって考えてみますと、あなたのコンプレックスって自分にはデメリットではあっても、誰か他の人に迷惑を掛けているのですか？　それによって、誰か被害を被る人がいるんですか？　そんなことは、ないでしょう。そうであって、人に害を及ぼすのでなければ、何もいい年をしてそれに拘る必要はないじゃないですか。人間種々さまざまですから、いろいろな人がいますし、それぞれの人に他人には言えないコンプレックスがある筈です。そういった事実を認識せずに、自分だけでそのことでずっと悩み苦しんでいるのであれば、これほど愚かなことはないと思われます。

先日テレビを観ていた時に、ある太ったお笑い芸人さんが出演していたのですが、まだ若いのにも拘らず彼女が言っていました。「昔は太っていることで悩んだ時もあったけど、今はこの太った体をとてもいとおしく感じます。したがって、それが自分のキャラクターだとして、表現すればいいんじゃないですか」と。

その通りです。自分の顔に責任を持たないといけない年を、20年以上も超えてまだ気にしているようであれば、それはコンプレックスの問題ではなく、あなた自身が何十年も自らを磨いてこなかったが故ではないでしょうか。

今あなたは、第二の青春真っただ中にいるんです。もっと、自分自身をあるがままに受け入れて認めた上で、日々の生活を謳歌する生き方をしてみては如何でしょうか。人間皆が通る道ですし、誰しも通らないといけない道であるならば、できる限り楽しく歩むに越したことはないと思いますので。

「積み重ねた人生の重みは腹に付いた肉の厚みと一緒」

高齢者になるまで、人はそれぞれいろいろな生き方をしてきたと思います。定年を迎えるまで終身雇用制の中で、企業において歯車の一駒として働き、そこそこ出世した人もいるでしょうし、残念ながら万年課長、係長で終わってしまった人もいることと存じます。

今の60歳以上の人達は、9割以上（?）が一度勤めた企業に骨を埋めるという社会通念ができ上がっていた時期に働いていたので、多くの方々が最初に就職したのと同じ会社で定年を迎えている筈です。高度成長時代を経験し、現役の時はただひたすらに会社のために、その上で自らの昇進のために、ほぼ家庭も顧みず働いてきたと思われます。

善い悪いは別として、それが時代の流れてあり、風潮であった訳ですから、それに逆らうのはなかなか難しいことでした。したがって大多数が一直線の同じ方向に進んでいたのです。その結果、世界第三位の経済大国に昇りつめてきた訳です。

この生き方、働き方がよいかどうかは別として、そうしないと社会からはじき出されるという現象があったのは、事実です。そういった状況の中で、各個人はどのように生きてきたのでしょうか？　生き方は人それぞれですが、一つだけ確実に言えることがあります。

それは何か？　社会人になってから現在までの生き方の積み重ねが、今の自分を作り上げているということです。つまり善行を重ねてくれれば、今がきっと素晴らしい日々になっているでしょうし、悪行をずっと通してきたのであれば、今とっても辛い毎日を過ごしていることと推測されます。

人生の中で、その時点で自分が置かれている環境は、ある日突然でき上がったモノではないのです。昨日以前の生き方が今日を形成し、明日の生き方に繋がるのです。故に、すでにシニアになってしまった今となれば、何十年も前のことなのですが、本来は賢明にもその事実を理解して、高齢者になってから充実した日々を送るために、社会人になったその日から自分の将来を考えて、人様のお役に立てる行動をし始めなければならなかったのです。

とはいえ、医師とか科学者など専門分野で働く人ならともかく、ジェネラリストを目指せと言われていた人々が、つまりオールマイティーに何でもできる人物になれと言われ、目の前のことを全て器用にこなしていかないといけなかった人達が、それほど将来の自分のあるべき姿を考えられたでしょうか？　それは、ほとんど不可能だったのではないかと考えられます。

大部分の人達が日々の生活に追われ、それに対処するだけで精一杯だったと思われるからです。そして、それはそれでよかった筈です。ただし、真っ当に生きてきたということであればですが。しかし、長い会社人生の中でさらには出世欲が首をもたげてくる状況において、果たしてどのくらいの人々が、「清く、正しく、美しく」生きてこれたのでしょうか？

かつて、もし自分が善意に基づいて社会に大きく貢献したいと考えたのであれば、その人はそれを具現化できる立場になり、さらには大きな権力を持たなければならなかった筈です。そのためには、正当な手段や仕事ぶりだけで、どれだけの人がそういった地位に昇りつめられたのでしょうか？　その種の人々は、本当にごく少数だったと思います。

大部分の人達は、自分ではやってはいけないことだと知りつつも、いやむしろやりたくないと思いつつも、その場しのぎの決して正しいとはいえない行動を取り、それを積み重ねてきたのではないでしょうか？　一つ間違え自らの欲に基づき、やってはいけない言動をした時に、運よくそれが通ってしまえば、あるいは認められてしまえば、人のそれはどんどんエスカレートしていき、ついにはそれが当たり前になってしまった筈です。

そういう事象を繰り返して生きてきた人間が、ある日定年を迎えたからといって、「さあ、楽しく充実した老後を暮らそう」と言っても、それは無理ではないですか。余りに虫がよすぎると思われるからです。

それは、時間に余裕ができた定年後、ふっと気がついた自分の突き出た腹と一緒です。何十年にもわたって不摂生を積み重ねて、年々肥ってきて十二分に肉が付いてしまった腹を自ら醜いと感じ、「さあこれからひっこめよう」と考えても、そうかんたんにスリムになれる訳がありません。

それまでの生き方から、親しく付き合う友人もなく、家では家族に相手にされず、時間を持て余す日々を過ごしている人間が、自らに「健康を維持するためのジム通い」という言い訳をして、せっせとトレーニングを重ねたとしても、何十年で貯えた腹の肉をそう安々と削ぎ落とせる筈がないのです。

ここで人は初めて、社会人になってから現在までに放置してきた自身の怠慢に対する報いの大きさや、付けの重さを自覚する訳です。

何故、こういう人生になってしまったのだろうか？　自分は家族のために、会社のためによかれと思ってやってきたのに、「何なんだ、この淋しい余生は」と、考えるのではないでしょうか？　他方、休日には少しは体調のことも考慮してそれなりに運動もしてきたのに、その結果がこれか！「何でこんなに腹に肉が付いているんだ」と、驚愕するのではないでしょうか？

でも冷静に考えてみれば、それは誰のせいでもありません。全てが自分の責任であり、自業自得なのです。いやむしろ、当然の結果と言っても過言ではない筈です。

したがって、人生はやはり謙虚に真面目に真摯に生きたいものです。何かをすれば、それは善きにつけ悪しきにつけ、全てが自分に跳ね返ってくる訳ですから。とはいえ、もう今からではいくら昔を反省しても、手遅れなんじゃないかと考える人がいましたら、それは大きな間違いです。

人間自分の非を悔い改めるのに、決して遅いということはありません。「思い立ったが吉日」です。例えば、痩せるためにトレーニングや適正な飲食をし始めるのは、今からでも十分に間に合います。ましてや、これから人様のお役に立つことをやっていこうとするのに、時期遅れなどということがある訳がありません。

自分が感謝するだけでなく、他人に感謝される毎日、他の人に必要とされる日々って、本当に素晴らしいと思いませんか。できれば、そんなこれからの20~30年を過ごしたいものですね。

「さっぱりとした潔い生き方をしよう」

世の中には、いつもうじうじネガティブに考えて、日々生活している人間がいます。決して、本人が望んでそうしている訳ではないんですよ。自分としては当然のことながら、「さっぱりと物事に拘らず、何事も前向きによい方に捉え、結果として潔く生きた」という暮らし方をしたいのです。しかし、残念ながら、生まれ持った性格がそれを許してくれません。何か意に沿わないことが起きると、直ぐに後悔するです。

それによって余り暗くならず、しばしの時間が経つと終わりを迎えられるのならよいのですが、この生まれ持った粘着質な性格は、決してそうはさせてくれません。思い悩むのが何日も続き、それが何時も頭に残っているため、何事に対しても気がそぞろになり、次のミスを犯してさらに新たな後悔を生み出すのです。それだけで、毎日心底疲れてしまいます。

こういう人間にとっては、何事にも拘らない性格の人は、本当に大物に見えます。羨ましくて、どうしようもありません。何故なら、そのような人も同じ人間ですから、勿論後悔をすることはあるんでしょうが、長く引きずるということがないが故です。

したがって、ネガティブな人もそうなりたいと日々考え努力しているのですが、生来の根暗にはなかなか勝てません。頭がどんどん勝手に、悪い方へ悪い方へと結論を導いていくのです。こうなったら、もうどうしようもありません。ただただ悩み込むだけです。物心ついてから、ずっとこんな生き方をしてきたのでしょうし、とても辛い人生だったのではないかと推察されます。

しかし定年を迎えてから、自由に生きてよいと割り切って、精一杯楽しく生きようと努力してきた筈だと思われるのですが、その性格はそう単純ではなかったようです。当然のんびりと何もしない一日があってもいい訳ですが、「どうして何もすることがないんだ?」と、また悩むのです。

ポジティブな人であれば、「偶《たま》にはそんな日があってもいいではないか」と考えて、納得して一日を終えられると思うのですが、ネガティブな人間はそうは考えられないようです。では、どう感じるのか?「自分は今日一日何もやるモノがないということは、社会から必要とされていないんじゃないか?」と、考えるのです。さらには、「こんな日が毎日続くのであれば、生きててもしょうがないじゃないか」とまで、感じてしまいます。

でもこの種の人は、世の中に全体の2割ぐらいはいる筈です。人間社会というのは、好むと好まざるに拘らず、そういうふうにできているのです。さらに悪いことには、当然のごとくにこの類《たぐい》の人達は、人間付き合いが苦手です。どうしても、人と話すことや付き合う環境に、臆病になってしまうからです。

したがって、そのささやかな夢は、他人に気を使わずに接しられることです。前向きな人々にとっては当り前であり、何でもない事象でしょうが、この種の人々にとってはそれが可能になるだけで、「人生バラ色」です。全く困ったものです。何故、そんなにあかの他人に、遠慮しなくてはならないのでしょうか。どれだけ考えても、その理由は分かりません。だって、気がついた時にはもうすでにそうなっている訳ですから。

この性格やこれらの状況は、どう考えても辛いですよね。でも多分、みんなこんな矛盾を抱えながら、60年間強を何とかかんとか生きてきたのではないでしょうか？　決して本意な生き方でないことは当然でしょうが。いや、やむを得ずそうやって生きてきたのでは？　さらには、今まではこれでしょうがなかった訳でして、故にもう過ぎたことですからさっぱりと潔く割り切って忘れたいのですが、これがまた非常に難しい訳です。

何故なら、「何で自分だけがこんな苦しい思いをしてこなければいけなかったんだ。他人に何か迷惑を掛けたこともそれほどないし、法を犯すようなことをしたのでもないのに」と、考えて悩み込んでしまうのです。しかし、これらに関してはっきり言えることは、これは自身で解決しなければならない事柄であり、したがって他人に相談しても、何にもならないという事実です。

とは言え、ここで本人の幸せな将来の生活のために、過去の出来事は自分なりに何とか処理することにして欲しいのです。そして、これからの状況を考えてみて欲しいと思います。個人が60年強も引きずってきた性格であり、生まれ持った性分ですから当然今後も続くでしょうが、でももういい加減に許してもらってもいいのではないかと感じられます。何故なら、以前と同じような後悔の日々が続くのであれば、前述の通り「生きていたってしょうがない」という考えに、繋がってしまうからです。生きながらえつつこの思考回路から逃げ出すには、認知症になるしかないのではとまで考えるかもしれません？　でもそれでは、余りに当人がかわいそうです。

もうちょっと、人間としての喜びや、幸せを味わわせてもらっても、よいのではないかと感じる筈だからです。さらには現実に味わってから、人生の終焉を迎えたいと思うが故です。でも、これは最低限の夢であって、もうちょっとよい想いをしたいなともまた感じることでしょう。だって、実際に何か悪事を犯したり、他人に迷惑を掛けたりした訳ではないのですし、ただ、悲観主義者に生まれついただけなのですから。

では、これからの長い人生をどういうスタンスで生きていけば納得できるものにさせられるのでしょうか？　これが、これら2割の人々にとって非常に大きな問題なのです。難しい課題ではあるのですが、誰かがその方向性なり指針を示す必要がある筈です。

そこで、ベストではないかと思われる結論を述べてみます。この類の人達は、人一倍繊細かつナイーブであるが故に、とても傷つぎやすいというデメリット（？）を抱えています。それが恐いので、後悔し悩み続けるのです。逆に考えますと、何時も自分が傷つくことを怖がっているのです。誰しもそういう状況に陥ることは本意ではありませんし、言うまでもなく好ましいものでもないのですが、でも死ぬまで恐れていてもしょうがないというのも事実です。多分人間誰しもその頻度は別として、とてつもないショックを受けたり、回復不可能と思われるようなダメージを何とか克服しながら、生きてきている筈です。

したがって、本人だけで自らでは処理しきれない性格を延々と嘆いていても、何にも解決の糸口を見出せません。故に、これからは自身の性格を前向きに捉え、「それだけ他人の気持を理解してあげられる人間なんだ」とよい方向へ解釈し、その理由のもとに「社会に貢献している」と、考えてみては如何でしょうか。つまり、ポジティブリフレーミングをして欲しいのです。何時までうじうじしていても、誰も幸せにはならないのです。この事実を自らに言い聞かせて納得させ、自身の存在価値を肯定してみようではありませんか。

これからの社会で、生きていく人間にとって一番必要な要素は、「自己肯定力」だそうです。そうであれば、過去に不幸な歴史があったとすれば、それをすっぱり切り離して、これからは「さっぱり潔い生き方」を志向してみましょう。そして、最後に「自分の人生は正解だった。これでよかったんだ」と、笑って逝く人生を、自らの手で作り上げてみようではありませんか。その心掛けは、絶対と言っていいほど、あなたの第二の青春を明るくビビッドな納得できるものに変えてくれる筈ですから。

「大きな生き方をしてみたら」

あなたは、自分の一生をどのようなものにしたいですか？　大きな考え方で、広い視野を持ち豪快に生きる。例えてみれば、昭和の大スターであった石原裕次郎さんのような生き様をするのか、あるいはちまちまとせこく生きて、人生の楽しみの半分も経験せずに一生を終えるのか、どちらを選ぶのでしょうか？　多分誰しも、好きなことを好きな時に好きなようにする、そういう生活ができるようになることを望んでいると思うのですが。しかし反面、年を取っていく内にそのように、考えなくなる人間もいるようです。

何故なら、順調な仕事生活や社会人生活を送れていればよいのですが、当然のことながら、大部分の人に挫折は付きものです。程度の差こそあれ、多くの人々がそれを味わう訳ですが、中にはそのプレッシャーに打ちのめされ、はつらつと生きる意欲をほとんど失ってしまう人もいるからです。そして、そのような状況にある人達は、それほど多くの収入があるとは言いがたい場合があります。したがって、好きな時に好きなことをする金銭的な余裕がないために、何か行動を起こそうとする前に、諦めてしまいます。

とても不本意なことであり、頭ではそうはなりたくないと考えているのですが、現実的な問題となると、残念ながらギブアップせざるを得ないのです。ある統計※によりますと、20代夫婦二人が普通に贅沢せずに暮らしていくだけなら、必要な金額は月24.86万円だそうです。しかし、ゆとりある老後の暮らしの生活費となると、月最低36.10万円は収入がないとならないそうです。

定年を迎えるに当たって、それまでにすでに何千万円の貯金ができている人々は別に困りもしないでしょうが、その類《たぐい》の人はどのくらいいるのでしょうか？　皆が皆、それほど余裕があるとも思えません。というよりは、むしろかなり少ないのではないかと、感じます。

※総務省統計局生活保険文化センター発表

何故なら、２０１９年6月3日、長寿化によって会社を定年退職した後の人生が延びたため、30年後（夫95歳・妻90歳）まで生きるには夫婦で約2千万円の金融資産の取り崩しが必要になるとの試算を金融庁が示しました。公的年金制度に頼った生活設計だけでは、資金不足に陥る可能性があるとのことでした。これによって世間にパニック的現象が起きたことを鑑みれば、そんな貯えがある人が余りいないのではないかと、容易に想像されるからです。というよりは、むしろ日々の生活のために、定年後も何らかの形で働かないといけないという人のほうが、多いのではないでしょうか？

現実に、日本経済新聞が２０１９年秋に実施した世論調査によりますと、定年が現実味を帯びる層ほど、高齢まで働く意向があることが分かったとの内容が書かれています。具体的に述べますと、「70歳以上まで働くつもり」は、70歳代では45％、60歳代は54％に達したそうです。これにより、高齢者を中心に就労意識が大きく変わっていることが浮き彫りになりました。

人生が１００年時代になって、多少なりとも潤いのある生活をするには、当然のことですが前述の通り、年金の収入だけでは難しいですし、と言うよりはかなり預金を切り崩していかなければ、暮らしていけない筈です。したがって、現役時代に貯えた貯蓄や退職金を、毎月の生活費に当てていかなければならないのが、悲しいかな現実です。それが故に、平均寿命が延びれば延びるほど、資金面での不安が増してくるのです。そのため、多くの高齢者が分相応の生き方をしようという考えに至る訳です。

金融資産と毎月の収入に見合う分相応の生活、これに関しては誰も異議をとなえる人は、いないと思います。むしろ、自分を弁《わきま》えた素晴らしい生き方なのではないでしょうか。しかし問題は、それで自分自身が納得できるかどうかということです。ドラスティックに言いますと、定年を過ぎたそれなりの年をした小父さん連中が飲みに行く場所が、それが当然であるかのように決まって何処にでもあるような飲み屋だということです。

余り金銭的な余裕のないサラリーマン時代に、さんざん行かれたのではないですか？　そのような生活をしてきて、そこそこの貯えがあっても何故また、同じような店なのでしょうか？　勿論、居酒屋のような気楽でカジュアルな雰囲気の店もよいでしょうが、偶《たま》にはフォーマルなレストランに行く機会も、つくってみては如何でしょうか？　つまり、多少なりとも静かに会話ができ、美味な食材を食べれる店に行かれてもよいのではないかと思うのですが。あるいは、そういう店にいこうという気にならないのでしょうか？　そういった昔と変わらない生活パターンで、やっと自由に行動できる第二の青春を過ごしつつ、それを終えてしまってよいのでしょうか？

何も贅沢をしろと、言っているのではありません。「年相応の、貯え相応の生活をしてもよいのではないですか？」と、素朴な疑問を呈しているのです。

勿論、人の好みはそれぞればらばらですから、趣味に金を掛ける人、ファッションに金を使う人、旅行に資金をつぎ込む人と、いろいろなパターンがあってよい訳ですが。しかし、これから最長でも40年しかない将来に、さらにはそんなに楽しい飲み会をできるチャンスが多くないのであれば、もうちょっと優雅な食事や飲み会そして時間を、過ごしたいと思わないのでしょうか？　それで自らの人生を終えても、悔いはないのですかね？

それでは、余りに人生淋しくありませんか？　これもやはり十人十色、考え方の違いですか？　でも、そのような生活の中から、大きな生き方は生まれてきますか？　もはや、一般人が月に旅行できる時代です。にも拘《かかわ》らず、顔ぶれは何時も同じ、話題や会話も同様で、それも過去の栄光（自分ではそう思っている）をひけらかして、思い出にひたるトークでよいのでしょうか？

もっともっと、大きく生きましょうよ。社会に貢献し、人様のお役に立てる生き方をしましょうよ。「そんなこと言われたって、どうすればいいんだか分からないよ」と、言う方もいらっしゃるでしょう。でもその方法は、それほど難しいことではないと思います。何故なら、これからのそして将来の各個人が望む生き様を語り合えばよいからです。どう生きれば、どう行動すれば、人様のあるいは家族の、そして地域社会のお役に立てるかを考え、述べ合えばよいのです。その結果周囲の人達から感謝される、さらには必要とされ頼られる、これほど素晴らしい事象は、ないではないですか。

この項で意味する「大きく生きる」とは、そういうことです。筆者は勿論医師ではないので、医学的かつ専門的なことは分かりませんが、常に他人から相談を持ちかけられ、頼られて、それに答を返してあげないといけない人が、多くの高齢者がたどるように、認知症※になってしまうんでしょうか？

我々は、第二の青春を迎えています。その事実を認識している人達にとっては、まだまだ輝かしい未来が待っている筈ですが、如何でしょうか？　その逆に、「今日の生活は昨日のそれの繰り返しに他ならない」と、いう暮らし方をしている人々を待ち受けているのは、単調なとてもだるい生活だけだと思います。ただただひたすらに、時間が過ぎるのを待ち、かつ息をしているだけの日々の連続ではないかと、感じられるのです。本当に、それでよいのでしょうか？

家族のために働き子供を育て上げ、会社第一主義で40年前後神経を擦り減らして生きてきて、その末にやっと手に入れた「大きな生き方をできる第二の青春」、これを存分に謳歌しなくて、悔いは残らないのでしょうか？　何事も既成概念に捕われず、どんどん社会のためになる大きなことを考えて実践していく、これほど楽しい状況はないと思われるのですが。

人は、勿論自分のことが一番大切です。しかし、本当に自分のことを大事にしたいと考えるならば、自身のこと以上に他人を大切にしなければなりません。「先義後利」、「忘己利他」とは、正にそれを表現した言葉だと思うのですが、この内容を具現化できる人は、多分「大きな生き方」をしている人だけでしょう。今の瞬間瞬間を大切にするためにも、このように生きてみたいものです。

この生き方を実践すれば、アンチエイジングを目指してぶっ高い化粧品を買うよりも、はたまた高額なエステやスポーツジムに通うよりも、健康と美容に余程効果があると思うのですが。

※厚生労働省「認知症施策の現状について」（平成24年度の推計）
65歳以上高齢者人口３０７９万人のうち、15％約４６２万人が認知症の人、13％約４００万人がＭＣＩ（正常と認知症の中間）の人と言われる。つまり高齢者の28％（４人に１人強）は認知症または軽度認知障害の状態にあることになる。

「いつまでもリアルな人間でいようよ」

いつまでも、きちんとした人間でいることは、とても大切です。「皆きちんとした人間じゃないか、どういう意味だ」と、感じる人が多いと思いますが、ここでは「きちんと」と、いう言葉が大切なのです。人は当然ですが、死ぬまで人間でいるのは当たり前です。しかし、全員が全員人間らしく生きているでしょうか？　常に上昇志向を抱いて、明日に向かって努力して生きているのでしょうか？　決してそんなことは、ないと思います。

一定の年令になって、自分の人生の先が見えてきた時に、ほとんどの人は「リアル人間」であることを止めるのです。「リアル人間って何なんだ」ということですが、その意味は極めてかんたんで、「人間らしい人間、人間が本来持ち合わせていなければならない要素を備えている人間」と、いう意味です。

「継続は力なり」という言葉がありますが、人はいくつになっても、人間としてそして人間らしく生きていくことを諦めてはいけないのです。

具体的に言いますと、

多くの人が、自分の死に至るまでの将来のプロセスが見えてくると、つまり自身の先が見えてきますと、全てのモノ、コトに対して努力をしなくなりがちです。何故なら、「これからいくら頑張っても、自分の今後の人生が変わる訳ではないし、所詮こんなもんだよ。明日も今日の繰り返しで、何とか一日を消化していけばいいんだよ」と、考えるようになってしまうからです。でも、本当にそうでしょうか？「明日は今日の繰り返し」でしょうか？　それは、何のアクションも起こさなければ、勿論その通りでしょう。

明日に対して希望を持ち、夢を抱かないのであれば、明日も今日と一緒で、何の変哲もないつまらない一日になる筈です。確かに、そうでしょう。でもそれは、あなたが明日に期待して、何らかの行動を起こさないからそうなる訳であって、今日と違う明日を迎えようと考えるなら、きっとあなたが望むような変化が起きると思われます。

終活に入り、残りがただでさえ少なくなってきた貴重な余生を、ただやることがないという理由で、息をするだけさらには消化するだけで生活していって、本当によいのでしょうか？　そうするのであれば、きっといや必ず後悔すると思います。「終わりよければ全てよし」という言葉がありますように、それまでの人生がどうであったとしても、最後のそれを豊かなモノにすれば、それで立派な人生になり、納得できる終活にできるのです。

したがって、ここで一つご理解頂きたいことがあります。それは、現役世代に充実した達成感のある人生を送ってきた人は、当然のことながら、終活も計画的に満足できるモノにすべくしっかりと組み立てて、楽しい人生最後のクオーターを過ごす筈です。つまり人生１００年の時代において、22～23歳くらいまでの学生時代が第一クオーター、45～50歳くらいまでの会社人生の先が見えてくるまでが第二クオーター、60～75歳前後までの定年になりそしてその余韻を楽しむまでが第三クオーターです。そして、人間の一生の中で一番大切な時期は、この今皆さんが位置していてあるいは、これから迎えるであろう高齢者と呼ばれている第三そして四クオーターなのです。故に、自分の一生を納得できるそれにするには、第二クオーターまで一生懸命生きてきた人生を、さらにパワーアップしたモノにしなければならないのです。この事実を気付かずにいる、あるいは忘れている人々が、如何に多いことでしょうか。こんな勿体ないことはありません。

そして、あなたの一生の是非並びに価値は、この高齢者になった今、つまり第三及び四クオーターのこの時期の生き方に、掛かっているといっても決して過言ではないと考えます。そうであるにも拘らず、あなたはその事実を意識して毎日を生きていますか？　そのことを弁《わきま》えて生活していますか？

残念ながら、そうではないと思います。それは、何故か？　例えば、着る物一つとっても、毎日同じトレーナーにスウェットパンツ（少々極端でしょうか？）、そうでなくても大体日々同じ服を着ているのではないでしょうか？　そして、その格好のまま外出する。近所のスーパー、コンビニへ行くのならそれでもよいかもしれませんが、都心のお洒落と言われているような場所へも、ほとんどの場合、余りきちんとした外出着に着替えずに行ってしまう。このような状況に、陥ってはいないでしょうか？　これでは何を楽しみとし、何が嬉しくて生きているのか、分からないではないですか。

でもちょっと考えてみますと、どんな服装であるにしろ、まだ都心に出て行こうという気力があるだけよいかもしれません。わざわざ、そんな人が多い雑踏の中に行くだけでも、面倒くさいという人がマジ多いのですから。しかしながら、これだけは理解しておいてください。それは何か？「刺激のないところに、努力は伴わない」と、いうことです。つまり、毎日四六時中同じ環境にいるのであれば、「今日とは違う明日を迎えよう」という意欲も湧いてこないのです。

これでは、お洒落もなにもないですよね。でも、本当にそれでよいのでしょうか？　皆さんは、第二の青春を迎えているんですよ。自由な時間はふんだんにあるし、ある程度の資金的な余裕もある訳です。ただ、「きょういく」と「きょうよう」だけはないという事実は目の前にありますが、でも自由に動き回れる体力も備わっているのにです。

他方、体がしっかり動く期間は、そんなに長くはないという現実を知りながら、ただ「面倒くさい」や「金がかかる」などとの理由だけで、第二の青春を謳歌する気がない、その上、それをみすみす無駄に過ごす。皆さんは、それで本当に後悔しないんですか？最早、そんなことに拘る気持も、ないんでしょうかね？　まことに淋しい話です。

そこで、皆さんにしっかり考えて欲しいのです。今あなたは、本当に「リアル人間」として生きていますか？　毎日が楽しくてしょうがないという生活を送っていますか？「呼吸はしていて、日々生きてはいるけど、ただなんとなく何の目的もなく過ごしているんだから、言ってみれば時間を消化しているだけかな」と、いうような毎日を暮らしていませんか？　それでは、人生あまりに淋しくはないですか。

だって、繰り返しますが、寿命が延びたが故に、第二の青春を迎えているんですよ。やろうと思えば、その気さえあれば、第一の青春ではなかった、時間も資金もある訳です。それなのに、億劫だとか他の些細な取るに足らない理由だけで、自らに与えられた権利を放棄してしまうのでしょうか。それは、天が我々人間に、敢えて与えてくださったモノです。故に何とも悔しく、残念です。

それでは、人生の中で一番大切な時期で、その人の価値を決めるといっても過言ではない、人生の第三と第四クオーターを全うしているとは決して言えない筈です。あなたは、人間であることを自ら諦め、放棄してしまったのですか？　もう日々を消化するだけで、「最後の時が来たら、ただただそれに従う」と、いう生き方でよいのですか？

つまり、自分は人間であるとはいうものの、それは「戸籍上の人間」というだけで、男でも女でもなくなってしまったのではないでしょうか？　さらに言えば、前述したように人間らしい人間であることを、止めてしまったのではないでしょうか？

それだけは、よしましょうよ。あくまで男は男らしく、女は女らしくという常識と節度、さらにはある程度のプライドを持って、生きていきませんか。

例えば、外出する場所が何処《どこ》であっても、ましてやそれがお洒落な街、都心の繁華街であるなら、自分を最大限に素晴らしく表現できる服装に着替えて、その貴重な時間なりチャンスを活かしてみましょうよ。そうすることで、「人生って何でこんなに楽しいんだろう」と、いう感激を味わって欲しいと思います。

高齢者と呼ばれる名の元に、「自分の人生は所詮こんなもんだ」と、自分でかってに決めつけ、妥協に妥協を重ね、自らの気持ちや思いを偽って生きるには、まだまだ早過ぎます。

もう一度自身の存在価値を見つめ直して、楽しく豊かに生きるために呼吸をしているのであって、ただ日々を消化するために息をしているのではないということを頭に置いて、生きてみたら如何でしょうか。

「綺麗な人ではなく美しいシニアになろう」

人は基本的に美しいモノに憧れる、いやむしろ綺麗なモノに憧れるといったほうが正確でしょうか。見た目で、人の目に強いインパクトを与えるのは、綺麗さだからです。

では、「美しさ」と「綺麗さ」では、どう違うのでしょうか？　世間では、一般的に「美男・美女」という言葉が使われます。人は綺麗なモノに魅了される訳ですから、それらを見れば自ずと嬉しくなり、さらには心が浮き浮きしてきます。

年令に関係なく、顔形の整った人を見れば、誰でもじっくり見ていたいと思う筈です。その典型的な対象が、芸能人や俳優の方達ではないでしょうか。彼ら・彼女らを見かけただけでそれが話題になり、何十分も話しができるのですから。

しかし、「綺麗さ」というのは、見た目だけの場合が、結構あります。それは、どういうことか？　極めて単純な話です。会話をしてみると、そしてその言葉使いを聴いてみると、さらには取り上げる話題を確認しつつ話の内容が分かると、ガッカリするケースがしばしばあるということです。

何故そういうふうになってしまうのか？　この理由は極めてかんたんで、教養がないからではないでしょうか？　教養とまでは言わないまでも、それなりの知識、情報、ノウハウを培っていないが故だと思われます。ただ単に、勉強をしてこなかったということでしょうか？　まだ若者であり学生であるならば、これからの長い将来もありますので、それはやむを得ないのかもしれませんが、その人が一定の年令以上であったら、これはいけません。要は、社会人になったらということです。ましてやそれがシニアの人達であれば、存在そのものがナンセンスと言われかねません。

そういう人達は、高齢者になるまで何をして生きてきたのでしょうか。専門知識とまでは言わないまでも、一般常識くらいは学んで来なかったのでしょうか？　何も高学歴が必要と言っているのではありません。人間関係を円滑に進める話題や、一般常識そしてその時点で世間を騒がしているニュース性のある話くらいは、まともにできてよいのではないでしょうか。多少なりとも自らの得意分野があっても、しかるべきだと思うのですが。

一般的に言って、この手の人々と話をしてみますと、外見がよいとの理由で期待感が生じますので、話題が陳腐であると著しく幻滅するものです。もっと言うと、虚無感を覚えるといっても過言ではありません。一言で言えば、「ショッキング」ということです。

この現象の対象が芸能人であれば、その事実を知った後は、それまでいくら好きであったとしても、もうファンでも何でもなくなる可能性が生じてきます。でも、それがマスコミや芸能界関係の人なので元々自分には遠い存在ですから、何も問題はないのですが、これが身近な人である場合には、明らかに悲劇です。

それまで信頼して付き合い、真の友と思っていたにも拘らず、従来と違った本質が見えてしまったら、当然のことながらそれから先、余り付き合う気がしなくなるからです。今まで他人から、「あんな綺麗な人と友達でいいね」と羨ましがられていたのに、さらには自分もそれをある程度自慢していたのに、それらの気持が一挙に消えて無くなってしまいます。こんな空しいことってあるでしょうか？

人間には一生勉強する姿勢が必要ですし、常に自らを向上させ磨いていこうとする意識なり意欲が大切です。綺麗ということに、胡座《あぐら》をかいて努力するのを怠れば、その時点で魅力ある人間にはなれない筈です。こんな淋しいことってないですよね。

それに対し、常に学びを志し向上心を持っている人は、高齢者の領域に入った時に、どうなっているでしょうか？　当然のことながら、いわゆる「美しい人」になっているのです。外見がどうのこうのは、全く関係がありません。何故だか分からないが、何か知らないけど溢れ出る魅力があり、知らず知らずの内に引きつけられていきます。

年を取るとともに、他人から必要とされる状況がどんどん減っていく高齢者にとって、美しい人になることは、もしその人が天命を全うしようと考えるのであれば、絶対に必要不可欠な条件なのです。だって、綺麗なだけの人であったならば、それはかなり昔の若い時の話であって、その美貌は最早見る影もなくなっている可能性が大だからです。

したがって、年を取るにつれて求められるのは、美しい人が備えていて、そこにいるだけで他人の心に潤いを醸し出す性格のよさです。

綺麗さも勿論大切ですが、シニアになったらそれ以上に当然のことながら、美しさを大切にすべきなのは、言うまでもない事実です。「あなた綺麗ね」と言われて、悪い気がしないのは当たり前ですが、そこに性格のよさなり素晴らしさが伴わないのであれば、ある面それは皮肉を言われているようなものです。何故もっと、内面を磨かないのかと問われている筈ですから。

それを物語るよい例が、一つあります。それは「高齢者4人に1人が相談や世話をし合える友人がいない」と、いう事実です。人は年を経て、人間を見る目ができればできるほど、「美しい心、性格の持ち主」を求めるものです。日々の生活を、心安らかかつ豊かに過ごしたいが故です。自分の付き合う相手がいくら綺麗であっても、お肌が如何につやつやしていても、性格が優れていなければ何のインパクトもありません。

したがって、今からでも決して遅くはありません。家族には勿論のこと、友人や隣人そしてサークルの仲間などに愛される、それも高齢者になればなるほど愛しく思ってもらえる「美しい人」を目指し心掛けて、生きてみては如何でしょうか。誰のためでもありません。あなた自身のためにです。

「常によいことがあると信じて希望を持とう」

「楽しく生きても人生」、「毎日うじうじ生きても人生」。そうであれば、誰しも当然楽しく生きてみたいと思うことでしょう。定年までの人生がどうであったとしても、その後の40年を納得して生活できれば、その人の一生は大正解と言ってよいと思われます。人間は年を取るとともに、段々楽しいことや喜ばしい事象がなくなっていくものです。そして1年1年が、年々早く過ぎるように感じられるようです。何故そうなってしまうのかですが、理由はかんたんです。それまで60~65年生きてきた中で、いろいろなことを経験した後、なかなか初体験というものに巡り会う機会がなくなるため、「心がときめかなくなる」からだそうです。そう言われれば、確かにそうですね。ほとんど、全ての事柄を経験していて、過去の結果に照らし合わせれば、大体の事象の結末が分かってしまう訳ですから。

しかし、だからといって、「ときめかないでよい」とは、言えないと思います。だって、以前にそれを経験した時と状況は違うのですし。時と場合によっては、想定外の異なる結果が出るかもしれません。どのみち、それほど喜べる出来事がないのであるなら、結論が同じであるとしたって、希望を持ったほうがいいではないですか。何故なら、例え少ない時間でも、夢を見れるのですから。そういう考え方をしなかったら、あなたの人生はどんどんつまらないものになっていきますよ。

毎日毎日、「おもしろくねえなぁー」と思って、生きていくんですか？　そりゃあ、何にも努力せずに行動を起こさなければ、おもしろいことなんて発生しません。何でもいいから、頭に浮かんだことを即行動に移してみるべきです。そうすれば、いくつかの中の一つくらいは、よい結果に結びつく筈です。真面目にこつこつ、地道にでもいいからきちんと努力していれば、人生必ずよいことがあります。逆に、「どうせ何やったって、変わりないよ」と考えて生きていれば、結果はその通りになって、ただ時間を消化するだけになるのです。毎日「何かいいことないかなぁー」とぼうっと生活してては、せっかく延びた寿命が勿体なくないですか。夢は、見るものじゃないんですよ、叶えるものなんです。楽しいことも、偶然出会うモノではないんです。自ら行動を起こして、勝ち取るモノなんです。

60歳からの青春、恋をしてみてもいいんではないですか。中には若くして愛しい伴侶を失った人もいる筈だからです。あるいは、長年連れ添った相手を亡くしてしまった人だっているでしょう。でも何時までも、その思い出に縛られていてよいのでしょか？思い出は思い出として目一杯大切にし、その上で新しい生活に、一歩踏み出すべきなのではないでしょうか。

ここで、皆さんにとって一様に問題になるのは、「面倒くさい」と、いう考えです。「いい年して何を今さら」と、思うのです。でも、冷静に考えてみてください。人生100年時代になった今、60歳っていったって、折り返しをちょっと過ぎただけですよ。体力的には何ら問題はないし、気力も十分に充実している筈です。「今さら」と言って、老け込んでいていいんですか。命が有限である以上、日々精一杯生きないといけないんじゃないんですか。

さらには、今までに金銭的な制約、時間的な制約で、やりたくてもできなかったことをやらなくても、後悔しないいんですか？　そんなことは、ないでしょう。皆さんの中で、納得できる毎日を送っている人は、多分少ない筈です。そうでなければ、今の高齢者に必要な事象は、前述した「きょういく」と「きょうよう」という言葉は、出てこないからです。寿命が延びた分だけ、楽しい定年後の生活を送ってみては如何でしょうか。

確かに、「面倒くさい」という気持が湧くのは、とてもよく分かります。しかし、考えてみてください。皆さんは、現役の時に「定年したらあれをやってみたい、これを経験してみたい」と思ったことは、たくさんあった筈です。そうであるなら、それらを一つ一つ行動に移してみれば、よいではないですか。現役の時の夢は、何だったんですか？多くの人達が、第二の青春である自分達の生活に、大きな希望を抱いていたと思われます。

したがって、行動した結果が望んでいた通りによいものにならなかったとしても、時間を持て余すよりは、考えた通りに行動してみたほうがよいではないですか。「やらないで後悔するよりも、例え失敗してもやってする後悔」の方が、納得できる筈です。まして定年までに、全てをやり尽くしたといえる人は、ほとんどいないと思われます。であれば、何か新しいことにチャレンジしてみれば、よいことが起こるかもしれないという可能性を持てるではないですか。

それが、必ずしも自分の喜びだけのためにやることである必要は、全くないのです。他人のお役に立つことであるなら、なおさらよいではないですか。だって、自分だけで喜ぶよりも、皆でそれを分かち合うことのほうが、はるかに楽しい訳ですから。定年までお世話になった社会のために、何か役立つことをやってみては如何ですか。他人に喜んでもらえる、感謝して頂けるって、本当に楽しく嬉しいですよ。

今まで、自分のことしか考えてこなかった人には分からないかもしれませんが、自分が相手に何かをしてあげることによって、他の人に喜んでもらい感謝して頂けることほど、充実感を覚える事象はありません。それが、さほど高尚なことでなくてもよいのです。ほんのちょっとした親切を、実践すればいいだけです。人は皆、誰かが自分のために何かをしてくれるだけで、その大きさに拘らず、嬉しくなるのですから。

何かをしようという気さえあれば、「良い事が起きるという希望」が、持てるのです。そして、それが人の生き甲斐に繋がるのです。その手の人々が、日々如何に生き生きと輝いている生活を送っていることか。まずは自分自身のために、「面倒臭い」と考えずに、「良い事があると信じて、希望を持つ」ように、行動してみましょう。

「謙虚に感謝の心を持って生きていきたいものですね」

人間の一生には、本当にいろいろなことが起こります。一生どころか、一日の中でも種々の出来事が発生します。それらは、自分にとって都合のよい喜ばしい事柄もあれば、「何でこうなるんだ、ついてねえなぁー」と、いうようなモノもあるでしょう。

可能であるならば、人の日々がラッキーな日の連続であれば最高なのですが、当然のことではありますが、そんな状況は決してあり得ません。良い事もあり悪い事もあってこそ、人生なのです。そのような変化が日常の生活にあるが故に、遇《たま》に起きる好都合な事象に対し、「自分は恵まれているな」と、嬉しくなるのです。もしも、毎日が楽しいことの連続であるとするなら、それが当然となって、他人から羨ましがられることでも、自分にとっては当たり前で、楽しくも何ともなくなります。

その手の人に、何かついてないこと、アンラッキーな事件が起きたら、はたしてどうなるのでしょうか？　やたらに嘆き悲しんで、とんでもなく取り乱すことになるのではないでしょうか？　まるで、世の中の悲劇を一人で背負っているような、落ち込み方をする筈です。そんないい加減な生き方が、許されてよいのでしょうか？　そんな訳はないと思います。

では、何故そのような状態になってしまうのかですが、理由は極めてかんたんですよね。それは何か？　普段から恵まれ過ぎていて、その事象に感謝する「謙虚さ」がないからです。生活の苦労というものを、ほとんどしたことがないのです。でも勘違いして欲しくないのは、それは自分の力によってそうなっているのではないですよね。人が一番苦労するのはお金の問題でしょうから、その人はたまたま両親に恵まれ、親が金持ちだったというだけだと思います。

あるいは、偶然頭のよい、はたまたルックスのよい親の元に生まれただけではないでしょうか？　それを如何にも、自分の実力のように考えるその愚かさ。この種の人達が謙虚であることの必要性を理解していないのであれば、幸せになれる筈がありません。もしそれが成り立つのであれば、世の中如何にも不公平だからです。

しかし、前述しましたように、人間は皆平等に生まれついているのですから、そんなことは決してあり得ない訳です。表面的には、また他人から外見だけを見れば、不平等があり得ると感じられるかもしれませんが、その人達、つまり「人は謙虚であるべき」と、いう事実を認識していない人は、いい想いをできるのが当たり前と考えているのですから、端《はた》から恵まれていると思われても、当人は当然だと感じるだけで、幸せとも考えられないのです。何と罰当《バチ》たりなことでしょうか。物事に対し、感謝し喜べない人が、本当に幸せだと思いますか？　皆さんは、そういう人間になりたいと考えますか？　多分そんなことはないでしょう。

言うまでもなく、一番幸せな人間は、他人のちょっとした親切に、「有り難い」と思える人です。ほんの小さなちょっとしたことに、喜べる人です。端的にいえば、謙虚に感謝できる人物なのです。60歳を超えた今、皆さんに何か不幸なことが起きても、全く不思議はない筈です。それをしっかり意識していれば、日々健康でいられることだけで、十分なのではないでしょうか。その典型的な例が、誠に悲しいことですが、新型コロナウィルスに感染し、罹患が判明してからわずか一週間で亡くなってしまった、コメディアンの志村けんさんです。非常に残念な出来事ですし、表現のしようがないショッキングな話です。したがって、皆さんはどう考えるか分かりませんが、朝日が醒めるだけで、さらには「さあ、今日一日頑張ろう」と思えるだけで、十分に恵まれているのではないですか。

定年を迎えてからは、現役の時と比べて別の意味で、一日一日が勝負です。何故なら、存分に納得できる毎日を生きないといけないという、第二の青春を迎えている訳ですから。そして、人生100年時代の一番大切な第三並びに第四クオーターに入ったのですから。この事実も自覚せずに、ただ何となく日々を消化している人々は、なかなか「自分は幸せだなぁ」と、いう実感を持つことはできないと思います。人間いくつになっても、一部の幸運な人間は別として、努力なくして満足のいく生活はできないのではないでしょうか。よって、常に自らを磨く必要があるのです。

　昨年の2月12日に、水泳で日本の第一人者である池江璃花子さんが、自身が白血病であることをツイッターで発表しました。まだ、18歳だったんですよ。２０２０年（２０２1年に延期されましたが）の東京オリンピックでもっとも期待されていた選手です。その実力そして実績さらには今後の可能性は、誰が考えても疑う余地がなかったことは言うまでもありません。

　普通でしたら、自暴自棄になっても全くおかしくないのに、何と健気にも「今は少し休養を取り、治療に専念し、1日でも早くまた、さらに強くなった池江璃花子の姿を見せられるよう頑張っていきたいと思います。これからも暖かく見守っていただけると嬉しいです」と、ツイートしているのです。

　年齢からいって、２人に1人が癌にかかる我が国の状況において、そうなっても何ら不思議はない年代である高齢者の方々には、これだけの立派かつ前向きな発言は、多分できないと思われるのですが、皆さんは如何ですか？

では、何故この若さでこれだけの素晴らしいコメントを述べられたのでしょうか？　それは、取りも直さず生きることに謙虚であり、日々水泳の練習や競技に邁進できていたことに、深く感謝していたからだと思われます。さらに1月13日には、バドミントンの男子シングルス世界ランキング1位の桃田賢斗選手が、マレーシアのクアラルンプールで交通事故に巻き込まれ、大怪我を負いました。治療を担当したマレーシア人の医師は、「1ヶ月ほどで練習に戻れ、今後も競技に影響はないだろう」との見解を示していましたが、まあ何ともアンラッキーなアクシデントです。

これらの2例を鑑みても、人間はいつ、何時《なんどき》、どんな事件が待ち受けているかは、全く分からないということです。だからこそ、日々「命があること」に、感謝して精一杯生きていかなければ、ならないのです。

さて、この覚悟や考え方を、定年を迎えたばかりの人達を含め、60歳を優に超えたシニアの方々は、できるのでしょうか？　それが可能な方は、生きていることに感謝してきた賜《たまもの》でしょうし、逆の方はそんなことは考えもせずに、ただ日々の流れに身を任せて、漫然と生活してきたが故ではないでしょうか。

「命は有限である。故に生を受けた全ての生きモノにいつか死が訪れる」と、いうことが「絶対」である以上、人は自らに与えられた命を、全うしなければなりません。しかも、ただ「全うする」だけでなく、自分にとって有意義なものに、そして「社会のお役に立つ」ものに、しなければならない筈です。

この人間に課せられている使命をきちんと果たし、自身をこの年まで育んでくれた社会や周囲の人々に貢献することが、第二の青春に突入してその真っただ中にいる人達に、求められるのではないでしょうか。

そうであれば、日々健康で生活できていることに、いや病の床にあるとしても、夢や希望を持って、謙虚に生きていかなければならないのです。食べる物が美味しい、飲み物も存分に楽しめるということであれば、それだけで自らの生に対して感謝をしなければいけない筈です。毎日朝になって目が醒め、普通に生活して一日を終えられることが、決して当り前ではないことを皆さんは、ご認識しておられるのでしょうか?

この文章を認《したた》めている今現在、正に世界は新型コロナウィルス問題によって、死というものが決して他人事ではなくなっています。まして、いったん感染してしまうと、高齢者になればなるほど、死に至る可能性は高いとのことです。本件が顕在化し話題になり始めてから、すでに半年以上経っているのですが、何時《いつ》終息するのかその目処《めど》さえたちません。その上、有効な治療薬（スーパーコンピュータ富岳で治療薬候補を選別中）は未だ開発されず、ワクチンも開発途上の状態です。それらを考えると、高齢者はどう生きればよいのでしょうか？

末文ながら繰り返しますが、第二の青春を迎えているとはいえ、何時何が起きてもおかしくない段階に、皆さんはいらっしゃるのです。そうであればあるほど、その事実をしっかりと認識して、生きていられることに、「謙虚に感謝の心を持って」生きてみては、如何でしょうか！

あとがき

今世界は、第二次世界対戦以来の、最も劇的そしてグローバルな経済危機に直面しています。理由は言うまでもなく、全く何時終息するかが予想できないほど、新型コロナウィルスが猛威をふるい、世界的に蔓延しているからです。

7月5日現在で、全世界の感染者数は1140万人で、死亡者数は53万人を超えています。我が国の現況は5月25日に全国で「緊急事態宣言」が解除されてから、いったんは減少傾向が見られたものの、感染者数が再び増加しつつあって、第2波が心配されています。

この新型コロナウィルスは、当初高齢者で持病があると、死に至るケースが発生すると言われていましたが、今状況は一変し、若者や新生児でも亡くなる場合があるとの報告が、なされています。

決して感染が、他人事ではなくなっているのです。毎日のニュースで報道されていますが、感染元、その原因がはっきりしているのでしたら、まだ対応の仕方もあるのでしょうが、日々の感染者におけるその感染経路がわからないケースが半数近くあるのが現実です。

そうであれば、人はどうやってそれを防げば、よいのでしょうか？　国の専門家会議は、3つの「密」（密接、密集、密閉）を、極力避けるようにと提言していますが、これらの環境を回避したところで、原因が分からないのであれば、手の打ちようがないのではないですか？　ただただ「3密」を避けるようにとのことでしょう。

他方その一手として、マスクをするようにとありますが、これとて絶対的な効果がある訳ではなく、如何ともしようがありません。マジで、どうすればよいか分からない状況です。とにかく、「不要不急」の外出以外は、「ステイホーム」と、いうことなのでしょう。

中華人民共和国河北省武漢市で、昨年12月に新型コロナウィルス感染症の発生が報告されて以降、誰がこの病気との戦争を予想し得たのでしょうか？　当初欧米諸国は、「これはアジア諸国の問題であって、自分たちにはさほど関係ない」といった、対岸の火事として捉え、明らかに軽視し過ぎていたと、考えられかつ感じられる発言がありました。しかし、そう言っていた米国が、今や一番の危機に瀕しており、最新の感染者数では次にブラジル、インドとなっています。

こうなった理由には、彼らの考え方の根底に強い「慢心」があったと、筆者には感じられてならないのです。きっと、「新型コロナウィルス感染症は、アジアの一部の新興国の問題であって、先進国の自分達には関係ないことだ」と、考えていたのではないでしょうか（これは、あくまで筆者の個人的な憶測ですが）？

しかし、人間はいつ何時《なんどき》でも、いくら全ての事象がうまく順調にいっている時でも、決して「慢心」や「増長」をしては、いけないのです。ましてや、定年を迎えたさらには第二の青春の真っ只中にいるシニアの人々が、この時期を存分に謳歌しようと思えば思うほど、そのようなスタンスを取ることは、絶対に禁物です。

筆者も本書を執筆中に、まさかこんな大事がおこるとは予想だにしていなかったのですが、感染が日々蔓延していくにしたがって、「人間は如何に謙虚であるべきか、如何に全ての出来事にさらには生きていられることに、感謝すべきなのか」という事実を再認識した次第です。要は、せっかく命を与えられている毎日を、一生懸命に生きなかったら罰《バチ》が当たるということを、この感染症の世界的な流行は、暗示しているのではないでしょうか！　筆者には、どうしてもそのように感じられてなりません。

それは、何故か？　理由は、かんたんです。幸いにも、天命によってこの地球上にせっかく人間として生を受けたのに、その生活の場所である地球を、人間の欲とエゴによって、破壊するような行動をしているからだと考えています。その典型的な例が、「地球温暖化現象」です。今や世界各国が排出する二酸化炭素、メタン、亜酸化窒素などの温室効果ガスによって、海面上昇や降水量の地域的な変化、そして熱波などの異常気象の頻発、砂漠化が拡大しているのです。さらには、北極圏では地表温度の上昇が最も大きく、これが氷河や永久凍土、海氷域を後退させています。これだけにとどまらず、その他の地球環境に対するデメリットな要素なり行動はまだまだあり、枚挙に遑《いとま》がありません。したがって、今世紀末までに地球温暖化レベルを何としても、1・5度以下に抑える必要があるのです。このまま温暖化を放置した場合、今世紀末には地球の平均気温が最大で4・8度上昇すると予測され、その時点の被害額は農業生産など深刻な影響が予測される9項目だけみても、最大で世界各国の国内総生産（GDP）合計の8・6％に上る（国立環境研究所〈茨城県つくば市〉）とのことです。それどころか、太平洋の島国の中には水没してしまう島国家もあるとともに、生物種の大規模な絶滅の危機にもあるのです。したがって、今回の「新型コロナウィルス危機」は、その警鐘であると同時に、その前兆（？）であるような気がしてなりません。

国際連合のグテーレス事務総長が、次のようなことを述べていらっしゃいました。「今回の世界的な危機においては、明らかにその危険度のアナウンスが遅れたのではないか」と。

人は、いつ、何時《なんどき》、どんな状況においても、決して物事を甘く見、軽んじてはならないのです。個人が、そのような軽率な振る舞いをする時は、その心の中に明らかに「慢心」なり「傲慢」という、自分を油断させる気持が潜んでいると考えます。この心が、誰にとっても取り返しのつかない事態や事件を引き起こすのです。

そんな一時の気の緩みで、自分の一生を台無しにしてよいのでしょうか？　さらには、人生でいちばん大切な第二の青春を無意味なものにしても後悔しないものなのでしょうか？　高齢者の方々に残された日々は、それほど長くないのに！

人は誰でも、明るく楽しく豊かな生活をしたいと思っています。それなのに瞬時の感情で、人間の素朴な希望を実現不可能にするような、本来の生き様と正反対の行動をとっても、よいものなのでしょうか。否、そんなことは決してないでしょう。

そうであれば「定年からの人生をどう生きるのか、いやどのように生きるべきなのか？」を、皆さんは必死になって考えないといけない筈です。何故なら、一生の第三と第四クオーターの生活が充実していれば、例えそれまでどんな苦労をしたにしろ、自分の人生を納得のいくそれに、できるからです。皆がその事実を知っている、分かっているにも拘らず、その日暮らしの目的のない生活に逃げてしまっているのは、何としても勿体なく残念な話です。何故、もっとアクティブにコンストラクティブに、生きようとしないのでしょうか？　だって、天が寿命を延ばしてくれた上で、せっかく与えてくれたプラスαの余生ですよ。誰だって、冷静になってちょっとそのことを考えてみれば、決していい加減にしかも毎日妥協しては、生きられないのではないですか。

にも拘らずです、「何をすればよいのか？」と日々思い悩みながら、結局何も建設的なことをせずに、一日を終えてしまうのです。夜寝る時にその日のことを振り返ってみると、「やっぱり今日も特段他人に言えるようなことは、何もしなかった。今日は所詮、昨日の繰り返しでしかなかった。99％明日も、今日の繰り返しだろう」と、なるに違いないと思われます。

本当に、それでよいのでしょうか？　そんな訳ないですよね。何でもよいから、とにかく他人に喜んでもらえることをしたいですよね。どんなに些細な状況でもよいから、人様から必要とされたいですよね。「自分はこの世に必要な人間であり、しっかり他人の役に立って生きているんだ」と、思いたい筈だからです。

最後になりましたが、この新型コロナウィルスの悲劇が、一刻も早く終息を迎えることを祈ります。さらには、世界中の人々の生活が、一時も早く元に戻ることを心底願います。その間に、シニアの方々に従来の生き方、生活の仕方を見つめ直して省みて頂き、さらには改めるべき点があるなら必ずそれらを是正して、日々の暮らしに夢や目的のあるかつ変化のある「第二の青春」を価値あるものにするよう過ごしていって頂きたいと、切に望みます。

他方、今世界がこのような状況になって、高齢者の方々はただでさえ「サンデー毎日」なのに、余計にやることがなくなり、時間を持て余していることと思います。しかし、この状況は何時まで続くか、全く先が見えないのが現実です。

したがって、決して「息をしているだけの日々、消化することを余儀なくされる毎日、今後どれだけ生きても変化がない、何かわくわくするような気持の高揚感が全くない人生」というような、本当に勿体ない定年後の40年を過ごすことがないよう重ねて祈りつつ、ここにペンを置く次第です。

令和二年七月　事務所にて　　坂口克洋

【主な参考文献】

『すべては「必要・必然・最善」』　船井幸雄著／ビジネス社
『シャーデン フロイデ』　中野信子著／冬幻舎
『置かれた場所で咲きなさい』　渡辺和子著／冬幻舎
『100歳になっても脳を元気に動かす習慣術』　多胡 輝著／日本文芸社

【著者】 坂口 克洋（さかぐち　かつひろ）

1949年　東京都生まれ。
1972年　慶應義塾大学法学部政治学科卒業。
都内の大手百貨店に入社、定年まで在籍。
2011年　インテリジェンス コンサルティング コーポレーションを設立、社長に就任。
現在、龍谷大学文学部・短期大学部同窓会寄付講座「キャリア開発論」講師を務める。その他数校において「キャリア形成」の授業を担当し、現在に至る。主に大学生の就職活動を支援し、学生が内定を入手するまで指導。

キャリアデザインコンサルタント、就職ジャーナリスト、㈱NKS能力開発センター講師、他に人生相談家として、特に定年後の生き方についてアドバイスを行う。

定年からの青春未来図
一生を心明るく生きていく秘訣

2020年 9月 10日　　第1版第1刷発行

著　者　坂　口　克　洋

発行者　高　橋　考
発行所　三　和　書　籍
〒112-0013　東京都文京区音羽2-2-2
TEL 03-5395-4630　FAX 03-5395-4632
sanwa@sanwa-co.com
http://www.sanwa-co.com

印刷所／中央精版印刷株式会社

ISBN978-4-86251-411-0 C0095